DEUS
marido

talita estrela

DEUS marido

O Amado que minha alma não conhecia

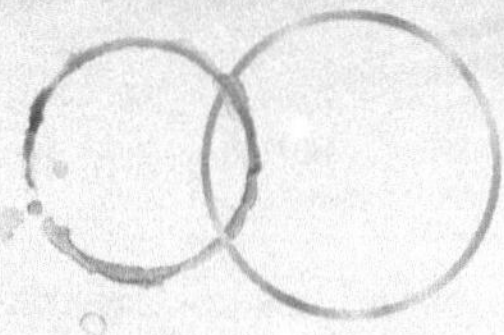

uma emocionante experiência de fé
e transformação para o casamento

Deus Marido
© 2024 Talita Estrela. Todos os direitos reservados
1ª edição

Grafia atualizada segundo o Acordo Ortográfico
da Língua Portuguesa.

Editora
Talita Estrela

Colaboração
Taciana Martins

Estrela, Talita
Deus marido : o amado que minha alma não conhecia / Talita Estrela.
-- Belo Horizonte, MG :
Ed. da Autora, 2024.

ISBN 978-65-01-27238-2

1. Casamento - Aspectos religiosos - Cristianismo
2. Esposas - Conduta de vida
3. Milagres
4. Testemunhos (Cristianismo)
5. Transformação espiritual I. Título.

24-244637   CDD-261.8358

---

*Do meu coração flui um canto de louvor especial ao Eterno Deus
pela vida preciosa de meu pai, Jairo, por quem Jesus chegou em nossa casa,
pela vida do meu querido tio Luiz Carlos e toda família pela caminhada de vida,
pelo meu amado marido, Carlos Eduardo, reflexo puro da glória, bondade e amor de Deus.*

SUMÁRIO

PREFÁCIO

"Mudaste o meu pranto em dança, a minha veste de lamento

em veste de alegria." – Salmo 30:11

Uma coisa é certa, um dia o dia chega! Me considero uma pessoa muito especial, mas não mais especial que qualquer outra pessoa. Acredito que, assim como eu, você também tem aguardando por algo na sua vida. Uma espécie de sonho plantado no seu coração, que, não raramente, parece distante, difícil. Queremos que realize, mas, ao mesmo tempo, dói de lembrar. E a cada dia, acreditamos que pode ser o tão esperado dia, a cada manhã a esperança de que a sorte vai mudar, algo vai acontecer. E muitos dias podem se passar sem nenhuma resposta, a espera começa a pesar...

Uma coisa sei, um dia chega! E eu não estou aqui falando de algo da eternidade pós-morte ou sobre a segunda vinda de Jesus (que eu também aguardo com muito ânimo e creio que será melhor do que tudo que podemos imaginar), mas me refiro aos sonhos, propósitos, chamados que temos que cumprir por aqui, no hoje e agora. Um dia, a porta se abre, a procura acaba, a resposta chega. Nenhum sofrimento durará para sempre.

O meu sofrimento não foi em vão! Meu tempo de espera teve um propósito muito maior do que eu poderia imaginar. Doeu muito e cheguei bem perto de me desanimar para sempre. Mas o dia chegou, e eu me senti como o salmista. Não apenas dancei e cantei, mas aceitei instantaneamente o convite para escrever este livro para registrar e compartilhar meu testemunho. Confie, o seu dia também vai chegar!

A história que se segue é real. Tentei manter a riqueza de detalhes, às vezes meio aborrecida com a limitação da linguagem por palavras, o que me faz contar então com o toque do sobrenatural. Confie e tenha uma boa leitura!

INTRODUÇÃO

Este livro é resultado de minha submissão ao meu marido. Certo dia, um daqueles bem improváveis, dos que se menos espera, o próprio Deus se apresentou a mim como meu marido. Era um dia triste, eu havia acabado de perder meu emprego, faltando apenas 30 dias para eu estar elegível para um visto permanente de residência na Alemanha, o qual eu aguardava com muita ansiedade e há muito tempo. O arraso causado pela pandemia em 2020, levou logo na primeira onda o meu emprego. Era tudo que eu tinha. Aos 35 anos, eu estava exausta, cansada de ser uma mulher do tipo guerreira, empreendedora, me sentia falida, só queria chorar, dormir e acordar quando eu tivesse 90 anos.

Porém, justo quando eu me vi acabada, uma grande reviravolta aguardava por mim. A vida não voltaria a ser a mesma, e glória a Deus por isso!

Não foi bem uma visão, foi mais uma experiência auditiva. Nunca vou saber se você poderia ter ouvido também, pois eu estava sozinha. Só sei que a voz ecoou mais alto do que meu choro, fazendo-o parar no mesmo instante. Empalideci, me envergonhei. Deus, marido? Me lembrava de conhecê-lo como Pai, Amigo, Mestre, Justo Juiz, Bom Pastor, Criador dos céus e da terra, entre outras figuras que tornam Deus alguém próximo e palpável ao nosso entendimento, mas marido nunca me ocorrera. No entanto, a jornada que se desencadeou reconhecendo Deus como marido foi, e tem sido, transformadora e apaixonante! Entendi o quanto estamos carentes do Amado de nossa alma. Tanto homens quanto mulheres, casados ou solteiros, o chamado à aliança com o Criador é para todos. O Deus marido, que acolhe com perfeição o coração agitado da mulher e a ensina a lidar com o esposo, é também aquele que estabelece uma identidade a ser buscada e aprendida pelos homens, e sobre isso vamos falar mais adiante.

Entrega, sacrifício, renúncia — é incrível perceber que Deus não nos pede nada que Ele mesmo não tenha feito e nos ensinado como fazer. Somos parte de uma geração que não tem desculpas para negligenciar a obediência, pois, diferente de Israel no Velho Testamento, temos tanto o Espírito Santo derramado com abundância sobre nós, quanto a Palavra, o Verbo, o próprio Cristo vitorioso, Rei para sempre, completamente revelado a nós.

Há imensamente mais para ser vivido na vida comum do lar (não digo isto apenas para mulheres ou homens casados, mas também aos solteiros, queria eu ter entendido isto antes). São muitos os mistérios, os segredos, os tesouros escondidos, porém requer intimidade, relacionamento, devoção àquele que é PERFEITO e é o único que dá sentido a nossa existência e pode nos levar a estes lugares.

Muitas pessoas se perdem hoje e sofrem muito pelos motivos superficiais de um casamento: a festa, o anel de noivado, o *status* para a família, o relógio biológico, etc. Sofrem pela pressão e a solidão antes de se casarem e muitas vezes se casam e se tornam infelizes.

Te convido agora a ler esta parte crucial da minha história, um testemunho que vai chamar a sua atenção para algo muito maior e pode mudar muito a sua vida também. Ore! Assim como estou orando por você agora mesmo. Que o Espírito Santo te conduza nesta leitura, fale com você, personalize este livro para ser um instrumento de benção na sua vida, na sua realidade. Como eu disse no início, este livro é uma encomenda feita pelo Marido Maravilhoso, e por sua graça e propósito ele chegou às suas mãos. Aproveite, pois Alguém que te ama muito, deseja falar com você.

Capítulo 1

EXPONDO AS MAZELAS

"Porque nele foram criadas todas as coisas que há nos céus e na terra, visíveis e invisíveis, sejam tronos, sejam dominações, sejam principados, sejam potestades; tudo foi criado por ele e para ele. E ele é antes de todas as coisas, e todas as coisas subsistem por ele." Colossenses 1:16-17

Para começar precisamos de um breve contexto. Minha história tem início em 1979, apesar de eu ter nascido apenas no ano de 1984, quando um jovem de 18 anos entende o Evangelho de Jesus Cristo e inicia um processo de transformação geracional que possivelmente ele mesmo não se dava conta naquele momento. Uma semente, uma chama que se acendeu, um jovem rapaz que hoje chamo de pai, foi o pivô pelo qual a salvação chegou em nossa casa. Nesse movimento de dividir, de pregar as boas novas a todos que ele podia, ele conheceu uma bela jovem que se apaixonou por Jesus e pelo rapaz, minha mãe. Assim, pela graça e misericórdia do Senhor, tive o privilégio de nascer num lar cristão. Frequentei escola dominical, acampamentos de verão durante toda a infância e adolescência. Antes dos meus nove anos, eu aceitei Jesus pelo menos uma dezena de vezes, pois eu não resistia a um apelo. E finalmente desejei ser batizada aos 11.

Nossa família não era perfeita, tínhamos muitas lutas. Mas em todas, socorridos, não nos faltavam vitórias, perdão e misericórdia. Não tínhamos falta de nada, nem da dificuldade, nem do refrigério. Não sendo em nada melhores do que qualquer outra família de classe média, o Deus Pai, Bom Pastor, se fazia presente no nosso lar.

Como é de costume para a maioria que está na igreja ou, de alguma forma, na caminhada cristã, aprendemos a confiar no Deus *Pai*. Por meio de Jesus fomos feitos filhos amados. Sim, eu ainda tenho uma lembrança clara de quando comecei a entender que o mesmo Deus Todo Poderoso, Criador dos céus e da terra, que habita nas alturas, era o mesmo Deus *Pai*, próximo, acessível, que enxerga não apenas o cosmo e o universo todo, mas também a mim, a você, individualmente. Um Pai de amor, disposto a disciplinar e ensinar os seus. E isto está corretíssimo, porém não completo.

Feliz 35 — Só que não!

Julho de 2019, eu estava aflita numa entrevista de emprego em Londres. Três homens engravatados me intimidavam com perguntas sobre estratégias para o desenvolvimento de seus negócios no mercado alemão. Eu estava perdendo, gaguejando e amedrontada, sem conseguir me decidir se falava ou respirava… mas enquanto tudo caia em queda livre dentro de mim, lembrei-me de meu pai que insistiu muito comigo na infância para que eu não deixasse de fazer nada por medo ou covardia, pois isso não agradava a Deus. Numa fração de segundos, eu "virei a mesa", retomei minha postura na cadeira, enquanto recuperava o fôlego e a calma. O tom de voz mudou e toda insegurança instalada, milagrosamente, tornou-se num plano concreto de trabalho e um inevitável convite para que eu me juntasse àquela empresa. Era meu aniversário de 35 anos, e quando agradeci pelo resultado da entrevista, mencionei que aquela vaga era um bom presente para a ocasião.

Eu estava na lista de espera por um voo de volta para à Alemanha, sem nenhuma perspectiva de quando eu chegaria em casa e sem nenhum plano de comemorar a chegada dos 35. Ao ouvir que era o meu aniversário e que eu não estaria em casa para comemorar, o CEO da empresa que estava presente na entrevista me presenteou imediatamente com um voo de volta, de primeira classe, pois segundo ele, era importante que eu chegasse em casa rápido para ter tempo de celebrar meu aniversário "com os meus".

O que eles não sabiam é que não havia ninguém me esperando. Aos 35 anos, a solidão me consumia e nenhuma diferença ia fazer se eu estivesse em casa ou não naquela noite. Mesmo sabendo que Deus estava comigo em todas as minhas realizações profissionais, nenhuma delas satisfazia mais o meu coração. Eu acabava de ser contratada por uma boa empresa inglesa, ótimo salário, autonomia para trabalhar da Alemanha, onde eu morava, excelentes perspectivas de carreira… mas ao chegar em casa naquela noite, eu só queria chorar. Minhas feridas estavam expostas: frustração, ressentimento, amargura. Dali para frente ficaria cada vez mais difícil disfarçar.

"E desceu a chuva, e correram rios, e assopraram ventos, e combateram aquela casa, e não caiu, porque estava edificada sobre a rocha." — Mateus 7:25a

A tempestade precisa cair para revelar a qualidade de fundação da casa. Crescer na igreja gerou em mim um sentimento de garantia de vida perfeita com Deus, firmada na Rocha. Eu nunca tinha me desviado do Evangelho e julgava ótima e forte a minha fé e confiança em Jesus. Desde criança, eu aprendi sobre a importância do casamento e da constituição da família, e eu seguia firme neste objetivo de vida. Desde cedo eu já tinha me decidido pelo casamento e "sentia" dentro de mim que me casaria, no máximo, aos meus 25 anos. Eu orava por "meu marido e filhos" desde meus 12 anos, e sempre estive tranquila sobre ser merecedora da benção do casamento. Porém, 10 anos mais tarde, sozinha e sem nenhuma perspectiva, senão uma coleção extensa de decepções e muita desilusão amorosa, eu já tinha cansado de esperar e de me perguntar: "Onde está o varão prometido, Senhor?" Eu estava exausta, me sentia traumatizada e emocionalmente muito ferida. Cheguei num ponto que não conseguia nem ouvir falar em *primeiro encontro*. Algo que era para ser legal, divertido e espontâneo tinha se tornado um fardo pesado, humilhante e chato.

Depois daquela noite dos 35, a tempestade de frustração e desgosto aumentou drasticamente dentro de mim. O romper de uma tormenta de sofrimento fazia ruir minhas estruturas e revelava a fraqueza dos meus alicerces internos. Eu não confiava e esperava tanto em Deus quanto precisava. Encarar a ideia de que eu não me casaria e que Deus estivesse me chamando para permanecer solteira era mais do que eu podia suportar. Eu me via totalmente indisposta a ceder, afinal, eu não estava pedindo nada de mais.

Eu me sentia enganada. Culpava a igreja por ter me feito acreditar naquela história de "varão valoroso". Eu estava irada com Deus, eu me culpava por todos os erros que já tinha cometido na vida, se de repente aquilo tudo era um castigo. Minha fé entrou em crise. Deus não se importa. Já era novembro daquele mesmo ano, quando tudo despencou de vez, virei as costas para a vida. Desejei morrer.

"Ainda que eu ande pelo vale da sombra da morte..." — *Salmo 23:3*

Normalmente, eu sou uma pessoa muito rápida em fazer o que tem que ser feito. Quem convive comigo um pouquinho mais de perto sabe que eu não demoro muito para ponderar algo e, uma vez claro o que tem que ser feito, façamos!

Minha tristeza me conduziu a um beco muito perigoso. Eu morava sozinha, eu trabalhava sozinha (eu era a primeira e, até então, a única funcionária daquela empresa inglesa aqui na Alemanha). Distante fisicamente da minha família, eu dividia muito pouco com eles sobre minhas dores. Eu sabia que eles torciam e oravam muito por mim, mas também não tinham nenhuma solução. Eu nem sequer estava mais aberta a ouvir qualquer coisa sobre este assunto, e todos evitavam tocar neste ponto comigo. Os amigos, um fiasco... certamente eu tinha me tornado pesada demais. Leveza e alegria já não eram minhas principais características, como costumava ser. Eu ia esporadicamente numa igreja internacional, onde também não desenvolvi nenhum vínculo forte.

É difícil, mas vou tentar explicar o que vivi num momento muito curto de tempo, alguns minutos, fração de segundo, talvez, não sei. Sei que foi muito tenso, beirando o fatal, e desejo de todo coração que este livro te ajude a fazer a volta antes de chegar neste ponto. Apesar de tudo não ter passado de alguns minutos, senti que no mundo espiritual não foi tão curto assim. Só sei que, num determinado momento de tristeza, solidão e dor, deitada na minha cama, eu baixei toda a guarda do meu temor, meu coração rejeitou o relacionamento com seu Criador, me entreguei, rejeitei minha vida, algo que nunca tinha me acontecido antes. E daí tive uma visão terrível, um penhasco nebuloso, e eu estava ali na beira. Não era escuridão absoluta, tinha uma certa claridade em meio a toda nebulosidade e espanto do lugar. Fui tomada por um pavor indescritível, eu estava desprotegida, vulnerável, entregue à minha própria desgraça, era como se o Espírito Santo tivesse se retirado.

Era frio e, assentada no chão, eu tentava me segurar cravando minhas unhas com toda força no chão de terra árida. Mas não era suficiente, havia uma força estranha que me empurrava na direção do abismo, era sedutor e horrível ao mesmo tempo. Senti que poderia me jogar. Gritei! Tive muito medo. Não chamei por socorro, clamei foi por perdão. Dentro da visão, eu gritei que aceitava ficar solteira, desde que Deus não me abandonasse.

Minhas forças se esvaíram, larguei todos os paus e pedras que vinha segurando há anos. Era como se de repente eu percebesse o meu erro e o meu pecado estava à mostra diante de mim. Movida pelo terror, eu entreguei finalmente o meu "Isaque". Senti vergonha, minha única opção, além do abismo, era me deixar quebrar. Me humilhei e, no mesmo instante, fui retirada dali. Abri os olhos. Eu estava exaurida, mas aliviada, como quem acabara de nascer. O choro derramava.

Eu sabia que tudo aquilo talvez não tivesse levado mais que um minuto inteiro, mas foi tão real quanto eu sentia meu coração acelerado, ainda muito assustada pelo que vi e senti. Minhas feridas ainda sangravam, mas por fim eu estava pronta para iniciar o processo de cura. O choro amargo da arrogância cedia lugar às lágrimas do soro da humildade.

"Para onde iremos, Senhor, se só Tu tens as palavras de vida eterna"

— João 6:68.

Eu estava fazendo as pazes com Deus. Sentia Ele me receber de volta com acalento e consolo, me aninhando em seu colo de pai amoroso, enquanto eu ainda chorava muito. Finalmente, eu entendi que nada pode ser pior na vida do que ser rasgada do relacionamento com Deus. A vida não tem sentido em si. E, entre estar casada e com filhos sem a presença do Deus Criador, eu preferia mil vezes estar solteira com a liberdade de habitar em Sua casa para sempre. Naquele momento, o meu Deus era para mim mais precioso do que todo o meu sonho da vida por um casamento.

Capítulo 2

A CURA SERÁ SEMPRE MAIOR QUE A FERIDA

"Não podemos resolver os problemas usando o mesmo tipo de pensamento que usamos quando os criamos." — Albert Einstein

Me permita parafrasear esta frase de Einstein, tentando casar a ideia com Tiago 1:3. Ao superar qualquer um dos nossos limites, dores, dificuldades, é por si só um alargamento das nossas fronteiras, ou uma espécie de atualização melhorada de quem somos, subimos um degrau.

Tanto problemas corriqueiros do dia a dia quanto feridas profundas na alma ocorrem quando nos colidimos com nossos limites. A ignorância, a cegueira, a falta de discernimento, a falta de paciência, de amor, etc., etc., etc. Todos os aspectos relacionados ao nosso pecado constantemente nos fazem entrar em conflito com nossas paredes limitadoras. E a única forma de transpor estes obstáculos é se rendendo à verdade das Boas Novas de Jesus Cristo, cedendo à transformação de mente que só o Espírito Santo pode operar em nós.

Acredito que seja por isso que Tiago 1:3 nos encoraja a ter um olhar positivo de alegria para nossas tribulações, que vão desde aborrecimentos corriqueiros a corações quebrados e desiludidos. Pois a cura, ou o fruto de justiça, como Tiago colocou, sempre nos levará a um lugar melhor do que o original. Para ser cura, tem que ser necessariamente maior e melhor do que a própria ferida. É como se, além da restauração, existisse ainda uma recompensa.

Porém, quando estamos num estado de dor, de pirraça, ofendidos, dificilmente conseguimos perceber todas essas nuanças. Na verdade, pode ser difícil de enxergar até portas gigantes escancaradas na nossa frente. Eu sei, eu já estive neste lugar.

Ah, se eu conseguisse ter visto antes… Eu estava como Hagar no deserto, chorando, me sentindo abandonada e sem esperança, quando, na verdade, o Senhor me acompanhava e me via o tempo todo. O poço sempre esteve ali onde estava, mas ela, pelas suas próprias circunstâncias, não podia enxergar (Gênesis 21:15-20). O desespero só faz cegar.

A minha própria insensatez tinha me levado a este estado de bater com a cabeça por tantos anos.

Na parábola da grande festa de Lucas 14:15-22, Jesus conta do banquete que certo homem estava dando, mas os seus convidados estavam ocupados demais para ir ao banquete. E, um fator intrigante nesta parábola é que o que impedia os convidados de desfrutarem do banquete eram eventos legítimos, bons, bençãos: um havia adquirido um sítio, outro comprou bois novos para arar a terra, outro havia acabado de se casar.

Hoje ainda me sinto impactada ao entender como eu era um daqueles convidados que jamais admitiriam estar errados. Incapazes de enxergar a loucura que cometiam, eles trocavam o eterno pelo efêmero, o celestial pelo terreno. Por mais legítimo que fosse, tudo que impedira aqueles homens de irem ao banquete, era passageiro, egoísta, menor do que a proposta do banquete.

Eu seguia o mesmo desatino sem perceber. Ocupada demais com os meus objetivos de vida, dedicada a encontrar a tempo o meu noivo perfeito, entretida com as perspectivas de família que trariam muita alegria ao meu coração, sem perceber que tudo girava em torno do externo. Minha visão e entendimento não haviam alcançado profundidade suficiente para discernir entre areia e rocha. Eu estava operando no raso, no humano, no findável, no provisório, completamente incapaz de entregar meus "trapos" para finalmente aceitar devidamente ao convite feito por Jesus que se estende a nós todos os dias. A entrega do nosso "Isaque", o morrer para si, é requerido de nós e precisa ser genuíno e cabal. Só assim podemos atender ao convite da festa, do banquete, da celebração.

"Pois quem quiser salvar a sua vida a perderá, mas quem perder a própria vida por minha causa a encontrará." — Mateus 16:25

Aquele que prometeu é fiel para cumprir, ao renunciar àquilo que me prendia, finalmente desfrutei no meu coração a alegria da presença de Deus, de uma paz que excedia em muito o meu entendimento. Seja qual fosse o plano que Ele tivesse para a minha vida, eu estava finalmente aberta a ouvir.

Resolução de ano novo

Desde a adolescência, criei o hábito de escrever resoluções de ano novo. Fazia já muitos anos que tópicos como: "encontrar a pessoa certa", "namorar para casar", "este ano vai", "o tempo acabou, tem que ser este ano" estavam sempre no topo da lista, seguidos por outros de caráter profissional e pessoal. Ano após ano, e nada.

Às vésperas de 2020, era a primeira vez em muito tempo que não escrevi resolução nenhuma, tudo que vinha sendo plano há anos estava entregue, já não era meu. E, sem mais pensar no casamento, eu tentava ouvir o que de fato Deus tinha para mim, o que Ele queria que eu fizesse. Mas até então eu não havia ouvido nada, e chegou dezembro de 2019 sem que eu tivesse qualquer plano para 2020.

Passava pela minha cabeça que talvez eu devesse ir a algum país da África, fazer trabalho voluntário, me envolver mais com o campo missionário. Ou não fazer nada de mais, apenas descansar. Eu não tinha ideia do que Deus reservara para mim.

Logo depois do Natal com minha família em Portugal, voltei para a Alemanha. Desejei estar sozinha no ano novo para refletir mais sobre tudo que eu estava vivendo. Porém, assim que voltei para casa dia 30, recebi uma mensagem de uma cliente indiana, perguntando se poderia passar o ano novo comigo, pois ela não havia conseguido voltar para a Índia como esperava. A situação era inusitada para mim, ela não era uma amiga, era uma boa cliente e colega de trabalho apenas, por quem eu tinha muito respeito, tive muita dificuldade de cogitar a ideia. Mas eu sabia na pele como é estar sozinha em ocasiões especiais e, apesar de me sentir meio na "saia-justa", eu não podia abandoná-la. Concordei em passar o ano novo com ela.

Faltavam menos de 60 minutos para aquele fatídico ano de 2019 acabar. Conversa vai, conversa vem, ela me pergunta: "E aí, Talita, quais são suas resoluções para 2020?", e apesar de já ter muita coisa trabalhada na minha cabeça, aquela era a pergunta que talvez eu estivesse evitando todo o tempo a ponto de não querer passar a virada do ano com minha família. A pergunta era capciosa, muitas coisas passaram pela minha mente, e eu não estava tão disposta a entrar em detalhes tão pessoais da minha vida com ela e até onde eu podia controlar aquela fração de segundo entre pergunta e resposta, minha intensão era dar uma resposta evasiva ou apenas dizer que não tinha planos. Mas quando eu abri a boca para falar, com toda veemência, a resposta que saiu foi:

— Este ano vou me casar!

Não fui EU que falei isso! Essa não era de jeito nenhum a minha resposta. Mas foi exatamente a profecia que saiu audivelmente por minha própria boca e eu, completamente espantada, tentava entender o que havia ocorrido.

O diálogo seguiu mais ou menos assim:

— Ah, que legal! Parabéns! Vocês estão juntos há quanto tempo?

Eu ainda estava perplexa, certa de que não havia vindo de mim mesma.

— Então... eu não tenho sequer namorado... Na verdade, estou me sentindo tão surpresa quanto você... parece que meu Deus está falando comigo...

Peguei ali o gancho para falar de Jesus com ela e, por fim, ela disse:

— Bem, meio esquisito tudo, mas o tempo dirá... 2020 está só começando.

Passada a meia-noite, vimos os fogos da cidade pela pequena sacada do apartamento e eu voltei para casa. Eu tinha certeza do que eu havia ouvido, certeza de que era o Senhor restaurando o meu sonho e eu, embasbacada, com a inesperada guinada em tão pouco tempo, me sentia muito animada para conhecer logo o "dito cujo".

Capítulo 3

VOCÊ NÃO ESTÁ PREPARADA

"Se o machado está cego e sua lâmina não foi afiada, é preciso golpear com mais força; agir com sabedoria assegura o sucesso." — Eclesiastes 10:10

2020 começava com todo um frescor de restauração. Eu havia amadurecido, todo aquele processo de dor e entrega tinha me refinado e eu me sentia bem mais descansada nos planos de Deus para mim.

Apenas algumas semanas do ano tinham se passado e o mundo entrou em colapso com as terríveis notícias sobre uma pandemia que se instalava. Estávamos prestes a viver um tempo de caos, medo, tristeza, perdas e isolamento. Eu morava sozinha na Alemanha, desde 2017. Eu estava saindo de uma tempestade interna, mal comecei a deslumbrar os primeiros raios de sol na alma quando, de repente, uma tempestade ainda maior começava a se formar no horizonte do planeta.

As portas começaram a se fechar, literalmente. Das casas, do comércio, no meu trabalho... A calamidade se espalhava rapidamente e, no fim de fevereiro, eu recebi a notícia de que o projeto de expansão na Alemanha estava comprometido e eu estava sendo demitida da empresa.

Faltava apenas um mês naquele emprego para que eu ficasse elegível para minha residência permanente na Alemanha. No entanto, ao perder o emprego, não demorou muito que eu recebesse a carta do governo informando que eu teria 6 meses para encontrar um novo emprego e solicitar novamente um visto ou, vencido este prazo, eu deveria deixar o país imediatamente. Perdi não apenas o meu trabalho, mas toda a perspectiva do que eu faria dali para frente.

Era março e já estávamos em *lockdown*. Chorei alto. Um choro de desespero irrompia, trazendo mágoas que ainda estavam dentro de mim. De forma muito sincera, orei aos prantos:

— Pai... e agora? A minha maior tristeza não é exatamente ter perdido o emprego, mas é estar sozinha num momento tão difícil... se eu pelo menos tivesse alguém para ter minhas costas, alguém para dividir o peso da vida até eu arrumar outro trabalho... estou cansada...

Eu me sentia muito humilhada... eu estava quebrando novamente. Mas naquele mesmo momento, quase que audivelmente, pelo menos tive a impressão de ouvir em alto e bom-tom o Espírito Santo falando no meu coração:

— Tenho suas costas! Eu sempre estive com você. Quando foi que eu te abandonei? EU SOU O SEU MARIDO.

Foi neste momento exato que uma nova fase da transformação se iniciou. E é sobre isso que preciso compartilhar com você neste livro. Vou te contar tudo que ouvi e experienciei a partir deste ponto.

Senti minha cara queimar, me constrangi diante daquela fala, as lágrimas cessaram por um momento.

— É verdade, meu Pai. Em tudo, você me assistiu, me abençoou. Mas por que eu me sinto tão sozinha então?

A resposta para esta pergunta não era simples, não era curta. E foi a partir dela que se desencadearam os ensinamentos básicos que geraram este livro.

Eu queria ouvir mais daquela voz. Estava pasmada... "Como assim que o próprio Deus se apresenta como meu marido?". Fiquei curiosa, dentro de mim queimava um convite para buscá-lo como nunca. E aquele momento caótico de pandemia e isolamento dentro de casa de repente se tornou propício, ganhou propósito e permitiu que eu passasse horas no silêncio, orando, lendo a Bíblia, escrevendo, chorando, me deixando quebrar e ser reconstruída. Confesso que é bastante desafiador colocar tudo sobre o papel, mas confio que Ele mesmo é quem me dá graça e direcionamento para fazê-lo.

Uma cortina começou a se abrir e comecei a ver muita coisa que não via antes. Um dia, saindo do banho, senti o Espírito Santo me instruindo:

— Tome nota do que você está ouvindo. Se não, você vai esquecer.

A partir daí, comecei a anotar.

Empoderada para tapar o sol com a peneira

Desde o episódio do "fim do poço" em 2019, eu comecei a ler a Bíblia de forma sistemática. Dentre muitas coisas que se revelaram naquele ocorrido, uma delas foi que eu estava com muita fome e sede da Palavra. Até então, eu nunca havia lido a Bíblia toda e por isso eu não conhecia Deus profundamente.

Comecei em Gênesis e li direto até Apocalipse. Quando terminei, comecei de novo e de novo, e sigo fazendo isso até hoje. Louvado seja Deus, O Eterno! Te encorajo aqui a fazer o mesmo, se alimentar da Bíblia todos os dias, pois Ele mesmo vai tratar de falar com você aquilo que você precisa ouvir.

Como o autor de Hebreus fala no verso 12 do capítulo 4, a palavra de Deus é VIVA e EFICAZ. De forma precisa, clara, dentro do meu contexto, palavras poderosas e afiadas vinham me operando, corrigindo de forma precisa os meus desvios. E meu coração sofrido e desnutrido se deliciava com tudo que eu lia. Finalmente, eu tinha forças e já alguma estrutura interna para encarar a verdade: eu estava completamente despreparada para casar.

A palavra de Deus me confrontava, me colocava para repensar minha realidade, como se uma espécie de espelho se formasse diante de mim e, pela primeira vez, eu conseguia notar minhas deformidades e distância de mim como noiva. Não ter me casado antes ia se revelando como um dos grandes livramentos que Deus operou na minha vida, pois eu teria arruinado tudo, em muito pouco tempo, e sabe lá quão pior teriam sido as consequências.

Pelos padrões da sociedade, eu era a típica mulher guerreira, empoderada, empreendedora, independente, bem-sucedida. Aos meus 35 anos eu já tinha comprado meu primeiro carro, meu primeiro apartamento, já tinha viajado para muitos países, já tinha concluído um MBA na Alemanha, trabalhado numa multinacional, falava inglês e alemão, já tinha uma carreira e ganhado muito mais dinheiro do que eu me sinto confortável para contar aqui.

Uma mulher de hábitos saudáveis, que ia regularmente à academia e que, além de tudo isso, também sabia cozinhar e fazer tarefas domésticas. Uau! Aos meus próprios olhos, eu era uma mulher perfeita, capaz de fazer qualquer homem decente feliz.

Calma, já vou te tranquilizar dizendo que não eram exatamente minhas realizações que me desqualificavam para o casamento, mas sim o meu despreparo sobre o que realmente importa. Aliás, neste entremeio de transformação, que ainda me encontro, o Senhor já me confortou com uma nova perspectiva de que meus talentos e habilidades naturais e adquiridas têm, sim, utilidade e valia para o seu Reino e para minha família. Nada ficará perdido. Mas, por enquanto, é importante eu te contar meu testemunho como de fato aconteceu.

Mesmo antes de eu "quebrar" emocionalmente em 2019, foram muitas vezes que desejei trocar tudo que eu tinha por um casamento saudável, uma família. Eu me sentia sim muito feliz e agradecida por todos os meus feitos e conquistas, sabendo que Deus me abençoara, mas nunca era suficiente. Passado o momento inicial de euforia, aquilo logo caía num certo vazio e eu precisava me engajar em alguma outra coisa que me distraísse da minha realidade. Lembro que quando me mudei para o meu apartamento, realizando o sonho de morar sozinha, a primeira coisa que fiz foi adotar um gato, na esperança de amenizar um pouco minha solidão. Só para vocês saberem, não deu certo, tive que devolver o gato.

Se eu me sentava para uma refeição, se eu saía às compras, se eu viajava para um lugar bonito, eu quase sempre lamentava estar sozinha. Eu me sentia confrontada com a dada falta de sentido do caminho que eu escolhera para mim. Todo sucesso profissional e financeiro não aplacava minha carência, minha solidão e um certo vazio na alma. Por mais que eu curtisse tudo e, em certa medida, eu estava de fato feliz, eu não estava totalmente satisfeita, ficava sempre a impressão de estar faltando algo. E exatamente aí eu me via "tapando o sol com a peneira".

Confesso que eu me irritava e lamentava sempre que percebia o quanto tudo aquilo tinha se tornado pesado, cansativo, carregado, humilhante. Às vezes era como se já tivesse perdido a graça, e eu queria encontrar *Mr. Right* muito mais para falar que eu não queria mais nada, que ele já tinha me feito sofrer muito mais do que ele poderia imaginar. "Palhaço! Onde você esteve todo este tempo?". E mesmo sem o conhecer, eu já me via brigando e desgostosa com tudo. Com certeza, eu já estava exalando um cheirinho de amargura e ressentimento.

Após me permitir saber que eu não estava pronta para o casamento, o Espírito Santo começou a esmiuçar situações específicas e certas feridas que precisavam de tratamento especial. Esse procedimento é necessário! Só assim eu conseguiria entender o que me estava travando e ser finalmente sarada. Passo a passo, sem nenhuma pressa, Jesus me instruía naquele caminho de restauração.

É difícil entrar nos detalhes desta parte, pois se trata de questões muito pessoais. Coisa boa é saber que o MÉDICO dos médicos também vai tratar com você, zelando por sua intimidade e particularidades. Minha oração enquanto escrevo este livro é que o Espírito Santo personalize e torne toda a mensagem aqui na medida certa que você precisa.

Enquanto eu lia a Bíblia e orava num dia de *lockdown*, ouvindo a voz do Bom Pastor como nunca, me dei conta de um problema grave, uma incoerência séria que precisava ser revertida. O Senhor queria, sim, me abençoar com um marido, mas este problema se revelou um grande impeditivo que precisava ser removido.

O Espírito Santo me lembrou das muitas vezes que proferi que não queria ou que não precisava me casar, pois eu estava bem sozinha. A medida que o tempo passava, a pressão aumentava, desilusão atrás de desilusão. Por volta dos meus 27 anos, eu já me sentia cansada e muitas vezes desanimada com as cobranças. Desde minha avozinha perguntando inocentemente pelos "brotos", passando por aqueles que achavam que eu era exigente demais e ia ficar sozinha mesmo, ou ainda aqueles que incentivavam que eu focasse na minha carreira, notar as expectativas das pessoas e até seus julgamentos por vezes maldosos, me levou a esta estratégia "de proteção" ou forma de mantê-los distantes, comecei a dar respostas como: "mas eu nem sei se quero me casar; quem disse que eu preciso de um homem; só se for para ele abrir o vidro de geleia, por ser a única coisa que não consigo fazer". E por aí vai...

Aos poucos, eu mesma, às vezes, acreditava nisto ou, mais uma vez, tomando uma rota de fuga, eu caia na armadilha de aceitar que casamento não era para mim. Às vezes, isso gerava alívio, outras, profunda tristeza e frustração.

Mas ninguém era tão indiscreto quanto o meu pai. Eu me ofendia muito com a forma como ele me cobrava o casamento ou tentava resolver a questão para mim. Minhas respostas foram se tornando cada vez mais inflamadas, afiadas e ofensivas, passei a respondê-lo com: "Casar para ter uma vida como a da minha mãe? Não, obrigada, fico melhor sozinha". E, muitas vezes, apenas para afrontá-lo, desejava não me casar mesmo.

Essa foi uma das primeiras coisas que vieram à tona naquele novo tempo de reconstrução. Era muito clara a instrução: "Peça perdão ao seu pai. Ele precisa te abençoar". Eu me lembrava de Abraão dando orientações a seu servo sobre uma esposa para Isaque, e sentia Jesus me ensinar sobre a importância de pais orarem pelo casamento de seus filhos e as escamas iam caindo de meus olhos, minha arrogância e medo de me mostrar vulnerável havia afastado de mim a benção de meu pai. Pior do que isso, eu mesma havia proferido sentença contra meu desejo de me casar.

Deus não age em meio à mentira e ao engano. Eu precisava retirar minhas palavras, pedir perdão ao meu pai e que ele orasse por mim, me abençoando para casar.

Eu sentia vergonha, mas Deus estava me quebrando para fazer novo, eu precisava passar por aquela humilhação que eu mesma provoquei. Por mais doloroso que fosse, eu estava disposta a não me demorar e tão logo tive a oportunidade, falei ao meu pai tudo que precisava e ele emitiu uma benção novinha em folha para que eu me casasse. Ele até achou que já tinha alguém em vista e que eu solicitava a benção para me casar de fato, mas não, não havia nenhuma perspectiva real naquele momento. A situação precisava ser revertida nas regiões celestiais primeiro.

Que alívio! Mal consigo descrever a sensação de libertação depois disto. Finalmente, eu sentia que todos os discursos estavam alinhados, o Mestre podia prosseguir comigo naquela caminhada.

Logo pensei: "Pronto, agora o varão chega!". Só que não. Este momento de quebrantamento, o perdão e a benção de meu pai, na verdade, foi um tipo de preparação básica do solo para as sementes que eu receberia em seguida. Era só o ponto de partida para um processo intenso de transformação que estava por vir. Mas, agora, já não envolvia terceiros, era entre mim e meu Pai Eterno.

Capítulo 4

SETE COISAS QUE EU NÃO VIA

"Abre os meus olhos para que eu veja as maravilhas da tua lei."

— *Salmos 119:18*

O momento de angústia pelo qual eu passava me ensinava muitas coisas, e o Espírito Santo me instruía a tomar nota de tudo, pois não se tratava de rápidas reflexões que vêm e desaparecem rapidamente. Eu voltaria ainda muitas vezes em cada um daqueles pontos. E mais do que isso: o Senhor já me falava que um dia eu ia precisar compartilhar isso com você.

A cada ponto que ia se revelando, eu precisava aprofundar, meditar, deixar maturar. Passar tempo orando, conversando com Deus, me autoanalisando, reconhecendo se aquilo de fato fazia sentido. O Mestre não tinha pressa... Te convido a fazer o mesmo à medida que for lendo.

Fiz questão de registrar aqui exatamente na ordem em que cada um dos pontos se revelou a mim. Os títulos estão na forma exata, como tomei nota. Essas anotações começaram em janeiro de 2020 e se estenderam por meses. Não acredito ou ainda não percebi necessariamente uma sequência cronológica, ou de valor entre eles. Todos os pontos são de suma importância e precisavam descer para o meu coração para gerar mudança.

1. *Valorize a pessoa que está no relacionamento, apreciar, amá-la, e se esforçar a limites (agora expandidos) para fazer as coisas darem certo.*

Vamos passar primeiro pelo óbvio. Trocamos pessoas como quem troca de roupa. Claro, estou falando aqui de forma geral. Mesmo que você seja do tipo que se importa e se esforça com consideração pelas pessoas com quem você se relaciona, de forma geral, sabemos que a cultura atual não é assim. Relacionamentos fracassam todos os dias, por falha e falta de entendimento profundo deste ponto. Nosso nível de tolerância às diferenças encolheu muito e convivemos facilmente com nossas rápidas reações e respostas afiadas a tudo que não é do jeito que queríamos. Muitos relacionamentos começam, e começam até bem, mas tão logo se começa a notar que a pessoa faz coisas de forma diferente, pensa diferente, responde diferente, muito rapidamente emitimos a sentença de "Esta não é a pessoa certa". O mais grave nesta questão é que isso acontece em todas as esferas de relacionamento, desde colegas de trabalho, amizade, namoro e entre pessoas que já estabeleceram aliança. A quebra da aliança já não intimida tanto quanto deveria. E mal sabemos quão sério é isto.

Eu precisava rever meu comportamento. De um lado, minha mente falava: "É claro que sei disso. Eu não sou assim... tenho consideração pelas pessoas". Sim, de forma geral, eu tinha mesmo, todos nós temos. Mas quando afunilava, eu já não me via tão flexível. Inclusive, eu vou contar para vocês uma imaginação criada pela minha cabeça que me assustava muito, sempre que eu pensava nela – Eu, finalmente casada, me via sentada no sofá da sala e, ao ver o bendito entrando pela porta, eu o estranhava: "Quem é você? Como entrou aqui? Por favor, vá embora!"

Comecei a admitir que tão somente a ideia de ter um homem andando dentro da "minha casa" poderia me causar estranhamento e eu querer correr. Daí me dei conta do seguinte: trocamos pessoas como quem troca de roupa, mas não necessariamente as trocamos por outras pessoas. Trocamos pessoas pelo nosso conforto, pela nossa segurança, pela nossa estabilidade, trocamos relacionamentos o tempo todo para evitar o conflito, para não termos que crescer, porque crescer dói. Para quem queria casar, eu precisava entender que valorizar a pessoa do relacionamento mais do que minhas prateleiras internas arrumadas seria básico.

Vamos agora para além do óbvio. Com minha cabeça enfiada no meu próprio umbigo, eu considerava muito pouco o universo inteiro que cada pessoa é. Queremos nos casar, mas estamos muitas vezes em busca de uma peça de quebra-cabeça que se encaixe perfeitamente no espaço que reservamos para ela.

Enquanto eu escarafunchava este tópico, o Espírito Santo me permitiu rever a situação 'pelo olhar' do meu futuro marido. Um homem que também havia aguardado para me encontrar, que também chegara com sonhos e expectativas sobre ser família. Um adulto que também foi criança, brincou, cresceu e tinha certamente passado por diversas situações que eu não poderia nem imaginar. Parei de pensar neste bendito isoladamente (como pensava antes), consegui sentir que ele também queria acertar nas escolhas e que, no fundo, ele nem era tão diferente de mim. Fui tomada por empatia. Meu coração se sentiu brando e manso.

Minha mente acalmou. Mesmo sem o conhecer, senti que poderia amá-lo e valorizá-lo genuinamente.

2.   *Ele é apenas um homem. Não espere que ele seja perfeito.*

Mais uma vez parecia tão óbvio! Ledo engano. Desta vez, a conversa iria ainda mais profunda e mudaria completamente o meu ponto de vista a respeito deste "pobre" homem com quem, muitas vezes, eu já me sentia aborrecida mesmo antes de conhecer. Não era raro eu me imaginar dando um tapa na cara dele tão logo eu o reconhecesse: "Onde você estava este tempo todo? Você tem noção do quanto me fez sofrer? Estava fazendo o quê?". E, por fim, pensava: "Já perdeu a graça... não sei com que cara vou ficar de amorzinho, como se nada tivesse acontecido."

No mesmo dia em que chorei alto após ter perdido o meu emprego, O Espírito Santo ministrou no meu coração algo que eu só vim captar exatamente um pouco mais tarde. Era como se ele me dissesse: "Se você colocar toda sua expectativa, necessidade de segurança e respostas sobre os ombros de um homem, você vai se frustrar drasticamente. Ele é só um homem."

Naquele momento em que eu sentia como se o mundo desabasse na minha cabeça, acabou por revelar minha real expectativa e idealização de marido. Na minha fantasia, se "meu marido" estivesse ali comigo ele iria me consolar, dar respostas àquela situação, apresentar um plano B, ter os recursos para me amparar, ele iria me encorajar a conversar na empresa para eu ficar só mais um mês para ter o meu visto permanente, talvez ele mesmo pegasse o telefone e resolvesse tudo para mim. O que eu não considerava era a possibilidade de que "ele" também tivesse perdido o emprego, que ele também se sentisse inseguro com toda a situação, que ele também estivesse com medo e não fizesse a menor ideia do que fazer. Podia ser que, por mais bem-intencionado que ele estivesse em me consolar e ajudar, em algum momento a pressão seria grande demais e ele mesmo quebraria. Comecei a entender que estava buscando Deus em uma pessoa. Querer do outro que nossos buracos na alma sejam preenchidos, de ambos os lados, é o que gera muitas brigas entre casais.

Num casal, de fato, o homem é a parte mais forte, é o cabeça, o provedor. Mas o que o Espírito Santo estava me dizendo ali era que esse marido precisava de Deus tanto quanto eu. Tanto a mulher quanto o homem não são capazes de prover respostas e consolo suficiente reciprocamente se isso não for buscado em Deus. Nenhum homem está apto a preencher todas as demandas emocionais da mulher, nem sequer é responsabilidade deles. E vice-versa.

Ficou claro para mim que, mesmo quando meu marido chegasse, minha confiança, descanso, socorro, torre forte, propósito de vida, fonte de toda provisão, tanto para mim quanto para o meu próprio marido, será sempre o Deus Criador.

Todo o meu drama daquele dia sobre a cabeça de um homem, certamente, teria sido insuportável. Percebi que, em um casamento, quando Deus não ocupa este lugar de fonte, de centro entre o casal e cada um busca no outro as respostas, o consolo, o casamento não é sustentável. Vai acabar em briga, frustração, culpa, cobrança e até mesmo em divórcio. Enxerguei mais uma vez o meu equívoco. Se eu tivesse me casado antes, era bem provável que eu já teria destruído tudo.

"Obrigada, meu Pai, por me esclarecer isto!". Mais uma vez eu sentia meu coração amolecer, sentia empatia e desejo profundo que meu marido tão somente fosse um homem temente a Deus. Senti alívio de pensar que podia colocar todas as minhas expectativas de um casamento bem-sucedido no Deus Altíssimo, fiel e imutável, e entre mim e meu marido as coisas poderiam ser leves e suaves.

3. *Não tome nada por garantido, não deixe que ele te veja feia, não ache que poderá fazer as coisas de qualquer jeito. A manutenção é diária.*

Toda festa de casamento tem um ar de conquista! De "enfim casados". Eu podia facilmente imaginar que sensação maravilhosa seria aquela de "chega, bora viver feliz para sempre, sem a insegurança de que você vai terminar comigo. A espera finalmente acabou e agora é só a morte para nos separar". Muitas festas de casamento têm esta atmosfera do fim de uma grande batalha, muito mais do que o início de uma. Até hoje, conheci poucos casais que genuinamente não viam a cerimônia de casamento com o fim em si. Uma noiva em especial marcou minha atenção.

Esta noiva foi minha irmã. Eu não pude comparecer ao casamento dela. Por mais que eu a amava muito, agradeci a Deus por não ter que ir. Logo depois que minha irmã marcou sua data de casamento, eu recebi o convite de ir para a Califórnia a trabalho. Eu estava sim muito feliz por minha irmã e seu noivo, mas a minha disposição para enfrentar a família e toda a cobrança no evento era zero. Só de imaginar os olhares e comentários já me embrulhava o estômago. Sou a filha mais velha de três. Quando minha irmã se casou, nosso irmão caçula já estava há três anos casado e eu mesmo só fui me casar quase quatro anos depois de minha irmã.

Num primeiro momento, é claro que considerei não ir à viagem. Minha primeira atitude foi conversar com ela sobre o convite e a coincidência das datas. Louvado seja o Eterno pela boa árvore do meu relacionamento com minha irmã, que tinha fruto maduro na hora que eu precisava! Ela rapidamente respondeu:

— É claro que você vai viajar! Você sempre sonhou em ir para a Califórnia. Você não vai deixar de ir devido à cerimônia de casamento.

— Você tem certeza? Não vai ficar chateada comigo? A Califórnia não vai fugir…

— De jeito nenhum, da cerimônia de casamento quero a benção, mas estou mesmo animada para o que vem depois, o dia-a-dia, o comum, disso, sim, eu faço questão de que você seja presente. Da cerimônia, você está liberada. A caminhada do casamento é longa, serão muitas as ocasiões para celebrar.

Uau… fiquei sem palavras, era sincero! Era uma lição sobre o que de fato era casamento. Dia-a-dia, rotina, cultivo e cuidados diariamente. Anos depois, essa fala da minha irmã vinha à minha mente para exemplificar o que o Espírito Santo estava me ensinando.

Muitos querem a estabilidade de um casamento, mas nem todos estão conscientes ou com a mesma intensidade de pensamentos sobre as muitas demandas que virão. Enquanto se está namorando, conhecendo as possibilidades, saindo para um primeiro encontro, é escancarado o demasiado esforço para agradar, para valorizar o lado bom, para conquistar, para garantir. Tudo é medido, é pensado, é intencional para resultar em casamento.

Eu via muitos casais que eram super fofos até se casarem. Mas era como se, no dia seguinte ao evento do casamento, um amarrasse uma corda na cintura do outro, a outra ponta no para-choque de um jipe e saísse dirigindo sem se importar se o outro está se machucando ou até morrendo. Todo o cuidado que tiveram antes para garantir a união já não é necessário. A conquista acabou. Agora é cada um por si. Só que esta sensação de "prêmio garantido" é péssima para o romance, já não impõe a obrigação de alimentar a amizade e a consideração pelo outro.

A intimidade, quando mal interpretada, gera essa sensação de que podemos tratar o outro de qualquer jeito. Um casamento não pode sustentar máscaras, a verdadeira pessoa, que, na verdade, não se importa tanto com a outra, começa a ser revelada. Mais uma vez, eu me sentia confrontada com o meu ideal fantasioso de relacionamento que pouca ligação tinha com a realidade.

Armadilha terrível é esta falsa sensação de garantia. Permanecer casada exige muito esforço! Eu estava erradíssima de achar que, uma vez casada, eu não me sentiria nunca mais insegura.

Preciso esclarecer aqui um detalhe, quando digo que eu achava isso, na verdade, eu não achava nada. Eu nem pensava nisto. Deus estava revelando enganos do meu coração que nem eu mesma sabia que estavam lá, mas iriam refletir depois quando eu desse com os "burros n'água". Uma coisa entendi: enquanto aguardamos com ansiedade por um casamento, não pensamos tanto no casamento em si, pensamos em nos livrar da solidão, pensamos em ser uma família feliz, pensamos na sensação boa de segurança e outras coisas que não estão relacionadas com a realidade da união conjugal.

É verdade, sim, que não se termina um casamento com a mesma facilidade com que se termina um namoro, mas se não houver a devida manutenção diária, muito mais do que um novo sim todos os dias, não será um casamento feliz e agradável. Quando tomamos por garantida a relação, tendemos a descontrair, baixar a guarda, deixando de zelar por aquilo que um dia foi tão importante. Ficamos com a ilusão de que estará sempre ali disponível para quando quisermos desfrutar. Um dia você acorda com tanta certeza de que aquela pessoa sempre estará ali ao seu lado que não sente nenhum estímulo para se trocar, passar um batonzinho. A rotina impõe muito facilmente outras prioridades e, a começar pela falta de pequenas considerações, o convívio vai sendo gravemente minado. Nenhum dos dois mostra mais o devido apreço um pelo outro, o cansaço e as dores de cabeça vão se tornando cada vez mais frequentes e, quando se nota, as ricas sementes do casamento ficaram esquecidas, não foram cultivadas da forma correta, não se desenvolveram. Vocês já não se conhecem ou não se parecem em nada com aquela pessoa bonita e cuidadosa do início.

Mais tarde, quando eu já estava casada, o Mestre voltou comigo neste ponto, mas num âmbito mais profundo e amplo: a cultura familiar. Vamos falar com mais detalhes deste assunto no capítulo 13.

4. *Não idolatre o casamento, nem antes, nem após tê-lo. O relacionamento é para glorificar a Deus.*

Finalmente chegamos à raiz do meu problema. Se não fosse pela revelação do Espírito Santo, eu jamais teria identificado este pecado tão grave, que me impediu por tantos anos de me casar. Eu confesso, mesmo que inconscientemente e por pura ignorância, eu idolatrei o casamento.

Desde que eu era criança, ouvi muitas coisas sobre Deus, a vida, propósitos. Mas eu não tinha o discernimento maduro o suficiente para estabelecer as prioridades com sabedoria e TEMOR. Digo isso porque, por inúmeras vezes, eu culpei a igreja, culpei meus líderes, meus pais, pois afinal, "foram eles que me instruíram nesta ilusão sobre casamento, família, filhos". Eu colocava facilmente na conta deles boa parte da minha frustração, mas por fim, identifiquei que a responsabilidade do que fiz com tudo que recebi deles foi toda minha. A ideia do casamento feliz, família, crianças saudáveis e alegres, casa cheia era tão boa, que, sem que eu notasse, eu fui colocando-a no centro da minha vida, e não via a hora de estar vivendo este sonho. Daí, o casamento passou a ser a resposta para todo o tipo de tribulação que eu estivesse enfrentando. Se eu brigava com meu pai ou tinha qualquer problema dentro de casa, eu pensava: "Não vejo a hora de me casar e me mudar daqui". Se qualquer coisa me desagradasse na igreja, eu pensava: "Definitivamente vou para a igreja dele". Quando eu me sentia muito cansada do meu trabalho, eu pensava: "Não vejo a hora de poder trabalhar só por *hobby*, meu marido será o provedor". Minha alegria, independência, realização pessoal, satisfação, passou a depender completamente da circunstância do matrimônio, o marido passou a ocupar o lugar do herói, salvador da minha vida.

Com o passar dos anos, surgiram novas inseguranças, coisas que eu não tinha antes, e o casamento passou a ser a resposta para mais situações ainda. Eu não gostava do que a falta do casamento dizia a meu respeito e buscava com ansiedade esta identidade, a segurança e o respeito de uma mulher casada. Era como se meu estado civil tivesse algum poder de determinar quem eu sou. E assim, eu acabei me firmando em equívocos, me deixando ser engada por essas mentiras, buscando as respostas para minhas questões pessoais no lugar errado. O casamento estava no pedestal e, com amargura de coração, eu cobrava de Deus soluções, não sobre minhas mazelas, mas o porquê de não me casar, que era por isso que eu estava daquele jeito. Minha confiança no amor de Deus estava inflamada, havia dúvida, ressentimento, arrogância.

Somente aos 35 anos, naquele episódio de 2019, foi que destronei o casamento e devolvi o lugar ao Senhor, mesmo que tudo isso ainda não fosse claro para mim. Quando finalmente o Espírito Santo tocou neste assunto e eu consegui por fim enxergar, me derramei, quebrei novamente. Me sentia profundamente constrangida e envergonhada. Me arrependi, pedi perdão. Pois, mesmo tendo crescido na igreja, eu não havia entendido integralmente a minha identidade de filha amada de Deus, que jamais precisaria de qualquer outra coisa para me dizer quem eu sou.

O mais interessante neste ponto é que a instrução vinha também para quando eu me casasse. Eu deveria ficar muito atenta, pois mesmo quando a aliança fosse colocada no meu dedo, nada, nem o casamento, nem o marido, nem os filhos ou o que for, deve ocupar o lugar primeiro e mais elevado de Jesus na nossa vida.

Ali, Deus me mostrava mais uma vez como tudo poderia ter desabado rapidamente se eu tivesse me casado antes por insistência e não corrigisse a ordem de prioridade das coisas. É necessário estar bem firmada na Rocha, única fonte de paz e alegria para ter e se conduzir um casamento feliz. O Senhor precisava me curar. Pude entregar naquele momento minhas inseguranças e desvios de identidade para serem tratados pelo ÚNICO que pode nos dizer quem somos. Já não era necessário aguardar por ninguém para ter os buracos do meu coração preenchidos. Não estava mais dependendo de uma pessoa ou de uma circunstância para estar satisfeita comigo mesma.

Mais uma vez, que alívio! Saia o peso do pecado e do engano que eu não sabia nem que estavam lá. Eu estava sendo completamente renovada.

5. *Viva hoje a vida que você deseja ter quando estiver com alguém. Valores, atividades, motivação.*

Naquele emaranhado de sentimentos feridos, eu já não me dava conta de tudo que eu adiava e procrastinava pela fantasia criada na minha cabeça de que sozinha não tinha graça ou que, se eu tivesse um companheiro de vida, eu *iria* ou *faria* ou *seria*. Havia muitas coisas que eu gostava, queria fazer, nunca fazia, mas pensava que certamente eu *começaria* quando fosse casada.

Com minha identidade espiritual renovada, era hora de repaginar alma e corpo. Muito ocupada com minhas tristezas e aborrecimentos, eu tinha me tornado indisposta e mal-humorada para muitas coisas. Meu nível de disciplina caíra a um dos menores níveis, assim como alegria e constância operavam em míngua. Vida social, então? Zero! Sair, viajar, passear... Preguiça, vontade nenhuma de fazer nada.

Mais uma vez, um equívoco gigante foi identificado. Casamento não é uma espécie de "portal" que, ao passarmos por ele, saímos em nossa melhor versão do outro lado. Muito pelo contrário, são muitas as novas demandas e desafios na vida a dois e, se você não tirar (ou não tirou) tempo para rever este ponto, pode ser que as coisas fiquem ainda mais difíceis. Tudo bem! A boa notícia é que nunca é tarde demais para sermos restaurados e ajustados. Glória a Deus por isso!

Era como raios de sol que começam a entrar por uma janela há muito tempo fria e escura. Meu entendimento capitava cada vez melhor o aspecto da autonomia que Deus espera de seus filhos. Há muitas coisas que só você pode fazer por si mesma, e assumir o compromisso de ser sua melhor versão é uma delas. Este ponto não se aplica somente no contexto do casamento, mas em tudo na vida, se solteira, casada, trabalhando ou não, dentro da família e fora dela. O nosso compromisso é com o Senhor Jesus! A orientação de Paulo em Colossenses 3:23-24 é bem clara: *"Tudo o que fizerem, façam de todo o coração, como para o Senhor, não para os homens, sabendo que receberão do Senhor a recompensa da herança, pois é a Cristo, o Senhor, a quem vocês servem."*.

Pessoas podem nos inspirar sim e podem nos atrapalhar também! Eu precisava reestabelecer minha vida com base no único compromisso que é inabalável, o de Jesus comigo. Quem eu estava disposta a ser com ou sem casamento? Quais eram os meus valores e motivações independentes de qualquer pessoa? Foram necessários 35 anos para eu realizar que cheguei bem alto na minha "escada da vida", porém ela estava apoiada no muro errado. Meu estado de espírito dependia constantemente das minhas relações sociais e circunstâncias externas. E, ali, naquele momento, o Pai me mostrava que eu não podia ter me casado com raízes tão rasas... A luz invadia! Clareza e calor envolviam meu coração e minha mente. Eu estava animada para começar de novo.

A graça finalmente era suficiente para mim. Minha energia e disposição foram rapidamente restauradas e quanto mais eu comia da Palavra de Deus, mais eu me fortalecia e conseguia estabelecer com clareza meus valores e motivações, com base no que é imutável.

"Mas aqueles que esperam no Senhor renovam as suas forças. Voam alto como águias; correm e não ficam exaustos, andam e não se cansam." — Isaías 40:31

Resumindo, confie no Senhor e entregue todos os dias a melhor versão de você mesma. Seja hoje a esposa feliz que você quer ser, comece hoje a ser a mãe intercessora e exemplo que você quer ser.

6. *Confiar e amar Jesus como eu espero amar e ser amada por um marido. Só Jesus é o marido fiel, perfeito desde já e para sempre (mesmo quando casada). Ele "tem minhas costas" para tudo que eu precisar. É Ele que deve tomar frente em todas as situações, principalmente nas mais difíceis.*

Durante aqueles longos anos de espera, eu fui encorajada várias vezes a escrever uma lista com todas as características que eu gostaria de ter no meu marido. Quando imaginamos nosso cônjuge, erroneamente, idealizamos uma pessoa "perfeita". Ou pelo menos nos moldes do que julgamos ser perfeito para cada um de nós. Não apenas fisicamente, mas normalmente uma pessoa que também seja fiel, integra, sábia, etc. Quando fiz minha lista, tentei cobrir ao máximo todos os detalhes possíveis, quanto mais o tempo passava mais a lista aumentava, e eu até cheguei a pensar que Deus estava apenas aguardando até que eu soubesse exatamente o que queria e a lista estivesse completa para Ele me abençoar. Porém, se estamos falando de um homem, uma pessoa, um ser humano, necessariamente, esta lista deveria ter uma coluna de defeitos no mínimo tão longa quanto as qualidades. Eu nunca tinha me atentado para a falha enorme, que estraga todo o processo de expectativa vs. realidade quando criamos um ideal de marido perfeito que simplesmente não existe. Você já considerou fazer uma lista de possíveis defeitos do seu futuro marido? Pelo menos para saber aqueles que você não toleraria em nenhuma circunstância? Normalmente não fazemos isso. Eu nunca havia pensado antes por esta ótica.

Mais uma vez, eu sentia que Jesus abria cuidadosamente minhas mãozinhas para descolar um engano grudento que apertei até vazar entre os dedos e segurei tão forte por tantos anos que meus dedos estavam impregnados e encarquilhados. Eu precisava transferir uma série de expectativas e ideais para O ponto de referência correto.

A ideia de amar Jesus como um marido era nova para mim. Sim, eu já tinha visto pessoas dizendo terem se casado com Jesus, algumas até usavam aliança, mas eu achava aquilo estranho. Por mais que eu amasse a Jesus, quando eu pensava num marido, minha mente e meu coração se decidiam muito rapidamente por um de carne e osso. Certamente eu não entendia tão bem o que este conceito de se casar com Jesus significava, menos ainda posso dizer se aquelas pessoas estavam certas em suas motivações. Mas, naquele ano em que o Mestre me preparava para ser esposa, percebi seu convite de me levar a um nível de entendimento que eu não tinha antes. Não era falta de compromisso com Ele, era falta de conhecimento mesmo.

Minha mente estava sendo transformada. Aquilo que eu sabia na teoria finalmente penetrava no meu coração e se tornava real. Nenhum ser na condição humana tem o poder de amar perfeitamente como Jesus ama. Livre de julgamentos, livre de cobranças. Amor verdadeiro. Aquele que, com TODA certeza, jamais me abandonaria, nunca me deixaria. Ele já tinha provado seu amor na cruz por mim. Ele é fiel, justo, manso.

Compreendi que aqui estava a chave para resolver todos os outros problemas que o Senhor Deus já tinha me mostrado. Era amando a Jesus de coração, devotando a Ele todo o amor que eu estava guardando para alguém. Minhas mãos começavam a se abrir para eu soltar todos os paus e pedras que eu me agarrei com tanta força para me defender nos últimos anos. Já não eram necessários. Meu marido é quem luta por mim e eu finalmente conseguia descansar Nele. O sentimento de rejeição se dissipou e eu passei a sentir o amor de Jesus como nunca antes. Amada, bonita, feliz! Eu não precisava temer por nenhum dos meus problemas. Eu estava desempregada, com um convite oficial a deixar a Alemanha em um curto prazo, no meio de uma pandemia, longe de toda minha família. Mas o meu MARIDO estava ali comigo, e nada disso era maior do que Ele. Senti refrigério. Já não chorava mais. A alegria de finalmente reconhecê-lo e amá-lo de volta me inundava, mesmo que fosse com meu amor imperfeito e falho, era sincero, inteiro.

Minhas orações ganharam um novo ar de doçura e intimidade, e quanto mais eu conversava com meu Amado, mais eu entendia que mesmo quando eu estivesse casada com um marido de carne e osso, Ele continuaria sendo meu marido primeiro. Aquele que sempre terá a solução para todas as minhas questões, aquele que me ama e continuará amando independente de qualquer coisa, que me ajuda, me socorre, me ensina. Ele tinha "minhas costas" naquela situação dramática que eu estava nela e eu estava animada e curiosa para saber como as coisas iam se resolver.

Eu sentia uma sensação muito engraçada de estar casada e apaixonada. Pela primeira vez, eu li a Bíblia toda e, no dia em que terminei de ler Apocalipse, comecei em Gênesis novamente. Eu precisava conhecer melhor meu marido, todas as suas promessas e todas as suas orientações para que eu fosse boa esposa, boa pessoa, boa profissional e soubesse correspondê-lo de forma agradável e aceitável. Se eu tiver que resumir este livro num único conselho, seria este: case-se hoje com Jesus e invista todo o seu tempo em conhecê-lo e amá-lo de volta, e para isso, leia a Bíblia! A Bíblia toda, todos os dias. Seu amor maior quer falar com você!

7. *Ser mais branda nas minhas reações, mais resistente às ofensas. Saber relevar coisas diferentes do que se espera é o que permite que o relacionamento dure. Mantenha o amor independente de qualquer coisa. Amar é uma decisão e não um sentimento.*

Ah, como eu não estava preparada ainda... Após ter meu coração completamente quebrantado para amar o Amado de minha alma, Ele seguiu em frente e me mostrou que toda aquela mudança interna precisava refletir no externo e, no que dizia respeito ao meu relacionamento com pessoas, eu precisava melhorar, melhorar muito.

Com o passar do tempo, eu tinha me acostumado àquela vida solitária. Já eram muitos anos que eu morava, viajava sozinha, resolvia tudo do meu jeito, acostumei a minha própria companhia e não deixava de ser feliz no Senhor, apesar dos pesares. Havia então esta questão que ainda precisava ser tratada antes do noivo chegar: eu precisava criar espaço para o outro.

Desocupar uma porta do armário ou algumas gavetas é fácil. Não era sobre isso que Deus estava falando comigo. Era necessário, mais uma vez, esticar os dedos e deixar cair pedras e paus que me impediam de receber a benção do casamento: o meu padrão egoísta de ser e pensar, que estava bem enrijecido por não se permitir muito o confronto, precisava ruir.

Durante meu tempo de solidão passei a usar constantemente a "capa protetora" do distanciamento, tanto físico quanto emocional. Acredito que este assunto é bem mais complexo e paradoxal do que pretendo explorar agora, vou me ater ao superficial, mas se você sente que esta pode ser sua questão também, não deixe de aprofundar um pouco mais neste tema e orar para que Deus te ajude a enxergar pela perspectiva Dele.

Ao mesmo tempo que eu desejava ter um parceiro de vida, família, casa cheia, minha tolerância ao outro era quase zero. Minha disposição e resistência para conflito de ideias, opiniões divergentes, críticas, até um tempero diferente, não eram apenas curtas demais, mas eu julgava desnecessário o estresse. Sempre que eu me sentia confrontada, bastava que eu voltasse para a casa, fechasse minha porta e pronto, eu não era obrigada a nada. Eu me certificava de que aquilo nada tinha a ver comigo e emocionalmente eu tomava a distância necessária para não ser afetada. É fácil e falsamente elegante fazer isso com colegas, vizinhos, sociedade de forma geral, até mesmo nossa família, quando eles não moram conosco. Mas é errado! É uma armadilha. Eu havia construído muros altos demais e agora estava enclausurada e sofrendo no meu próprio cárcere privado, onde ninguém me afrontava.

Mas como seria com uma pessoa com quem se tem aliança estabelecida, aliança esta que não pode ser quebrada? Quão disposta eu estava para criar espaço na minha rotina, nas minhas ideias, na minha cozinha, nos meus planos...? E o que fazer com minhas reações prontas, rápidas e afiadas? Eu só podia agradecer a Deus por não ter me deixado casar antes. Eu conseguia perceber (de novo) quão rapidamente eu teria arruinado tudo.

Deus é tão lindo! Minha mente ia sendo transformada e aos poucos Ele foi colocando no meu coração um desejo irresistível de ser mais doce, mais delicada, mais amorosa. Com minha identidade firme Nele, eu não precisava contra-atacar seja lá o que fosse. Principalmente com relação às pessoas próximas, família, amigos.

A começar pelas pessoas de perto de mim, eu comecei a ouvir com um pouquinho mais de interesse. Entendi que não se tratava de ceder sobre quem sou ou que penso, mas sobre a capacidade genuína de ter consideração pelo outro, aceitar a interação sem ofensa, sem indiferença.

Acredito que este ponto estará em evolução e crescimento durante toda a nossa vida. Até hoje, Deus me chama muito a atenção para isto, repetidamente estou em situações em que posso ser melhor, ou que tenho que me esforçar mais para manter as coisas em equilíbrio. Na verdade, estes sete ensinamentos seguem em constante desenvolvimento até hoje.

Capítulo 5

UM DIA O DIA CHEGA

"Porque o teu Criador é o teu marido," — Isaías 54:5

Durante o *lockdown* os dias eram longos. Eu passava boa parte deles sentada na esquina do sofá perto da janela, e entre ler, orar e jogar algum joguinho de cartas, eu ficava ali alerta vigiando o céu na esperança de flagrar o momento exato da volta triunfal de Jesus. Diante de tudo que estava acontecendo, os estarrecedores números de vítimas, a escassez, o caos que a pandemia gerou, só me levava a pensar que era questão de minutos ou horas para Jesus voltar e dar fim àquela situação que parecia não ter saída.

Antes de ter minha mentalidade sobre o casamento renovada, eu não conseguia pensar com muita alegria na volta de Jesus. "Ah, Senhor, por favor, me deixe casar e ter meus filhos antes de voltar...". Mas agora eu podia perceber esta mudança de mente. Era real! Entendi o convite para o banquete de Lucas 14, e estava disposta a deixar qualquer circunstância, mesmo que legítima, positiva e agradável, para trás, com o desejo maior de estar com o Amado da minha alma. *Maranata, vem Senhor Jesus!*

Entrava dia, saía dia, eu ficava olhando para o céu em busca de um sinal. Nem Jesus voltava, nem o bendito varão dava as caras. Singelamente, o Mestre estava me ensinando a esperar com alegria, com paciência e com fé. Não é tão fácil, não quero romantizar este processo como quem passou o dia saltitando e nem todos os dias foram iguais, mas a cada manhã eu encontrava a porção certa do que precisava para aquele dia. Havia paz. Comecei a acessar um lugar de quietude onde o meu vigor era renovado (Isaías 30:15). Tinha dias que eram mais difíceis que outros e eu criei coragem de apenas deitar e dormir quando tudo parecia pesado demais. Eu sentia nas minhas entranhas que conseguia transferir minhas urgências e ansiedade ao Deus Criador dos céus e da terra.

Mais um julho chegou e eu completei meus 36 anos. Deus é tão bom e misericordioso, que apesar do transtorno da pandemia, houve naqueles dias uma pequena trégua no *lockdown* e eu consegui correr para Portugal para visitar meus pais, minha irmã e passar meu aniversário com eles. Na verdade, não era só isso, eu estava em busca de que algo acontecesse, uma situação em que eu conhecesse alguém... Viajei com os olhos atentos, pois aquela pausa para sairmos um pouco de casa me parecia parte do plano infalível de Deus para me dar um marido, justo naquele ano de completa desordem no mundo.

Fui, voltei e nada aconteceu. De repente, eu já estava de volta dentro do apartamento na Alemanha, sem poder sair de novo. Os números da pandemia subiam novamente e assustavam a todos. Eu lutava forte contra minha apreensão e estava muito curiosa para saber como as coisas iam se desenrolar. Era inevitável não pensar que Deus tinha escolhido o pior ano da minha história para me prometer um casamento. Chegou outubro e eu não via nenhum sinal de como aquilo ia se resolver. Minha fé estava sendo esticada a uma amplitude nunca experimentada antes. Doía muito, mas eu estava disposta a resistir. Tomei a decisão de ser completamente intolerante com qualquer pensamento de desânimo ou incredulidade até o dia 31 de dezembro. Eu não sabia o que aconteceria depois, mas não era hora de pensar com a mentalidade de fracasso. O ano não havia acabado, eu não estava no direito de cobrar nada de Deus, senão buscá-lo com todas as minhas forças para conseguir permanecer firme.

Nesta época, voltamos a nos reunir na igreja. Era necessário fazer inscrição online antecipada, pois nos reuníamos usando máscaras e sentando a pelo menos um metro de distância um do outro. O número de pessoas por culto era limitado e tudo tinha que ser higienizado antes e imediatamente depois. Dia 3 de outubro, um domingo, ao sair da igreja com uma amiga, compartilhei com ela algumas coisas sobre o quanto meu coração estava a um pequeno passo do desespero, e enquanto eu chorava, ela orou por mim. E uma frase daquela oração veio como um bálsamo, um alívio, um respiro. Ela disse:

— Pai, lembre a Talita que nem 5 minutos são necessários para o Senhor mudar tudo e cumprir todo o Seu plano na vida dela.

Talvez, dizendo assim, não parece nada de mais, mas naquele momento teve unção, minha fé se fortaleceu. Entendi que, dali até o final do ano, muita coisa ainda ia acontecer. Eu tinha que estar preparada. Meu Deus, não é homem para mentir. Voltei para casa com bom ânimo.

No dia seguinte, dia 4 de outubro, recebi uma mensagem numa rede social de uma pessoa que eu conhecia há mais de 20 anos. Ele não era exatamente um amigo, mas alguém de quem eu já tinha gostado muito, até orado para ser ele, e o achava bonito demais. Havia sempre uma tensão entre nós, e eu evitava dar muita bandeira. Há muitos anos, chegamos até a sair algumas vezes, mas antes que a relação tivesse a chance de evoluir, ele precisou se afastar por conta do falecimento de seu pai. A última vez que tínhamos nos visto foi em 2015. Quando vim para a Alemanha em 2017, já não tínhamos nenhum contato.

Lembra de quando o servo de Elias avista uma nuvem do tamanho do punho de um homem no horizonte e Elias entende que a chuva está vindo, mas vindo tão rápido que mal daria tempo de Acabe chegar em casa? Tudo que se passou depois desta simples mensagem naquele dia 4 foi mais ou menos assim, as comportas dos céus se abriram e a tão esperada chuva veio em abundância. Muita coisa aconteceu e tudo se desdobrou da forma mais inesperada possível. Eu realmente precisava da minha fé fortalecida para enfrentar tudo que aconteceria em tão pouco tempo.

Bem, nos casamos no dia 28 de dezembro de 2020, faltando apenas 3 dias para o fim do ano. Louvado, adorado, amado, engrandecido, seja sempre o Senhor Deus, Criador do universo, fiel para cumprir toda palavra que saiu de sua boca. Não posso contar agora tudo que aconteceu neste entremeio, pois toda a experiência miraculosa de casamento que vivemos dá sozinha outro livro inteiro. Prometo contar numa próxima oportunidade, por hora precisamos manter o foco. Fato é que, em um espaço de tempo que eu jamais poderia imaginar, eu vivenciei uma das minhas experiências mais intensas e profundas com Deus. E finalmente, eu era uma mulher casada, como o Senhor tinha me prometido naquela passagem de ano com a mulher indiana, que hoje é uma grande amiga.

Capítulo 6

DECIDINDO PELA BOA PARTE

"contudo, apenas uma é necessária. Maria escolheu a boa parte,

e esta não lhe será tirada." — *Lucas 10:42*

A caminhada a dois começou. Ele veio para a Alemanha e fomos viver no apartamento onde eu morava. O Espírito Santo já tinha trabalhado muito comigo sobre desapegar do lugar como *meu*, e dar o devido espaço para o *nosso*. Mas, por mais que eu já soubesse tantas coisas, não foi tão simples viver tudo de coração, na prática. Uma Talita mandona, chata e sabichona me atrapalhava muito. Se ele ia arrumar a cozinha, eu ficava de olho para ver se ele ia passar o lado áspero da esponja na minha frigideira cara de Teflon, o tanto de detergente desnecessário que ele estava gastando, como se fosse o *Limpol* do Brasil, ou se ele usaria a colher de silicone para não arranhar o fundo das panelas, e por aí começamos a nos estranhar muito. Bem-vinda à vida de casada, que comecem as brigas! Brigávamos por tudo. Mesmo quando tínhamos o mesmo fim em mente, os dois querendo a mesma coisa, aquilo se tornava uma discussão. Era estranho. Experimentei o gosto amargo da frustração e o medo horroroso de ter cometido o maior erro da minha vida. E se assim fosse, a humilhação da separação era só uma questão de tempo. Triste. Pior ainda era ouvir de tantos outros casais que aquilo era normal. Não era possível que mal nos casamos e o meu sentimento era de arrependimento profundo, de equívoco completo.

Nós nos casamos em Portugal e apenas a minha mãe, por muita insistência minha, pode entrar na sala do cartório no momento da homologação. Por conta da pandemia, as restrições eram muito severas. Permanecemos três semanas ao todo em Portugal e daí fomos para a Alemanha. Na empolgação de tudo que estava acontecendo, eu não estava lembrando nem tendo o ambiente propício para orar e ler a Bíblia. Buscar ao Senhor não esteve ocupando o lugar de prioridade naquelas últimas semanas e depois que as brigas começaram, só piorou.

Comecei a notar que, pela falta de comunhão com Deus, minha guarda estava baixa e todos os ataques do inimigo estavam nos acertando em cheio. Daí acrescentei um erro à pilha: comecei a cobrar dele a devocional doméstica, queria que fizéssemos jejum e passássemos tempo juntos na presença de Deus. Isso só causou ainda mais discussão, cobrança e acusações.

Já nem pensando tanto em nós, mas por mim mesma, fui buscar ao Senhor. Já cheia de ressentimento e aborrecida, decidi que acordaria mais cedo, antes dele, para ter o meu tempo com o meu Marido Primeiro. Não foi necessário nenhum esforço grande demais. Tão logo voltei-me de coração para o Deus Poderoso, lá estava o meu refúgio e fortaleza, socorro bem presente na hora da angústia (Salmo 46:1).

Jesus tinha muita coisa para tratar comigo e me ensinar. Mesmo agora, enquanto escrevo este livro, sei que Ele não terminou, que eu ainda preciso aprender, ser tratada e transformada em muitas outras coisas. Mas olhando para trás hoje, vejo o cuidado de Deus em começar por uma lição básica, que traria um certo alívio imediato àquela situação. E se eu conseguisse efetuar aquela primeira coisa, a situação já se tornaria mais favorável para Ele operar uma transformação profunda, complexa, de muitos procedimentos delicados, que necessitávamos para nos tornarmos um casal segundo o coração Dele.

Impelida pela Espírito Santo, abri minha Bíblia em Lucas 10:38-42 na famosa história das duas irmãs que recebem Jesus em sua casa:

"Caminhando Jesus e os seus discípulos, chegaram a um povoado onde certa mulher chamada Marta o recebeu na sua casa.

Maria, a sua irmã, ficou sentada aos pés do Senhor, ouvindo o que ele dizia. Marta, porém, estava ocupada com muito serviço. Então, aproximando-se dele, perguntou:

— Senhor, não te importas que a minha irmã tenha me deixado sozinha com o serviço? Diz a ela que me ajude!

O Senhor respondeu:

*— Marta! Marta! Você está preocupada e inquieta com muitas coisas; contudo, apenas uma é necessária. **Maria escolheu a boa parte, e esta não lhe será tirada."***

Uaú! A Palavra viva falava ao meu coração. Era como se eu ouvisse, quase audivelmente, Jesus falar diretamente comigo: "Escolha a boa parte e ela não lhe será tirada, Talita. Escolha a parte boa do casamento, deixe a parte chata, difícil, estressante para mim. Acalme-se! Preocupe-se um pouco menos. Se assente aqui nos meus pés... Deixe que minhas palavras te alimente e restaure suas forças e bom ânimo".

Que bálsamo gostoso! "Mestre, eu não quero nunca mais me levantar dos seus pés". Era certo que o casamento tinha uma parte boa que eu estava perdendo de vista. Jesus estava ali me encorajando a escolher o romance, a alegria, a leveza, o bom humor, a parte boa. A graça, o sorriso, o cuidado agradável. Me veio aquela mesma sensação do Deus Amado, de novo cuidadosamente abrindo minhas mãos, descolando dos meus dedos a lama da cobrança, das pedras de julgamento, deixando cair o fardo pesado de querer fazer tudo dar certo do meu jeito que estava me consumindo.

Porém, diferente dos outros momentos de epifania que eu já tinha tido antes, agora era *"show time"*. Dali a pouco ele ia se levantar e eu tinha a chance de viver na prática a instrução que Deus estava me dando. Respirei fundo, decidida escolher a boa parte. Decidi ser graciosa e amável e deixar que Deus nos direcionássemos de uma forma mais branda e suave. Como Ele ia fazer eu não sabia, mas o papel da mulher chata e briguenta, não cabia mais. Não era assim que o Senhor ia nos abençoar.

Pequenas mudanças na forma de falar, de olhar, foram suficientes para gerar algumas mudanças imediatas, reações de amizade e de amor ressurgiram. A esperança de que tudo ia dar certo voltou a dar sinal, e ia se tornando mais fácil escolher a boa parte a cada dia. Por favor, não me entenda mal, não quero dizer com isso que tudo passou a ser flores e já não tínhamos nenhum problema. Não mesmo. Mas eu estava descansada aos pés do Bom Mestre. Eu estava aprendendo a confiar mais na condução do Espírito Santo, de forma que eu não deixava que as preocupações e meus afazeres roubassem nossa paz ou se tornassem motivos de acusação e julgamento.

Este novo prisma da *parte boa* precisava se tornar o norte da nossa bússola, um valor incutido, a prática regente de nossas atitudes. Meditei nesta palavra por muito tempo, contei a todas as pessoas perto de mim para ter a chance de repetir em alta voz e ouvir novamente aquele ensinamento. Eu tinha que me lembrar disso muitas vezes, em muitos momentos, principalmente nos difíceis, e intencionalmente agir, vigiar, segurar minha mente, minha boca, orar e clamar ao Senhor por ajuda, até que finalmente a busca pela parte boa estivesse operando no automático, tanto no casamento ou em qualquer outra situação da vida. Assim como Maria, comecei a me esforçar muito para não me levantar mais dos pés de Jesus, não importasse a pressão das circunstâncias. Decida hoje pela parte boa e ela não lhe será tirada.

Capítulo 7

TRANSFORMADOR DE COMUNICAÇÃO 110 Vs. 220

"Vinde, desçamos e confundamos ali a sua linguagem, para que um não entenda a linguagem do outro." — Gênesis 11:7

Escolher a parte boa era sem dúvida um bom começo, mas ainda longe de ser tudo. Com as "antenas" mais ligadas, comecei a notar que os caminhos da comunicação entre homens e mulheres passam por dois universos completamente diferentes. Me intrigava muito situações que mesmo que nosso interesse fosse comum, ainda que almejávamos os mesmos resultados, a forma de pensar numa solução ou de discutir as possibilidades era como se falássemos idiomas diferentes, incapazes de entender um ao outro.

Eu estava muito acostumada a pensar em aspectos macros das diferenças culturais, regidos por estatísticas e estereótipos que descrevem um país inteiro, e que não ajudam em quase nada quando nos referimos a uma pessoa específica. Quando estamos falando de uma pessoa em particular, dificilmente ela corresponde significativamente às estatísticas e estereótipos. Ao observar os aspectos das diferenças entre costumes e cultura de pessoas e não de um povo, simplesmente não dá para contabilizar as diferenças. Nem mesmo se estamos falando de famílias de uma mesma cidade, do mesmo bairro, até da mesma rua. Você já parou para pensar que seu vizinho mais próximo, que talvez tenha nascido e crescido na mesma rua que você, vocês até frequentaram a mesma escola e vão sempre ao mesmo supermercado, e ainda assim, se você e sua família tivessem que passar uma noite na casa desse vizinho com a família dele, certamente você notaria tantas coisas que eles fazem diferente de vocês. Meu esposo é brasileiro, natural de Belo Horizonte, Minas Gerais, assim como eu. Mas era insano como podíamos ter formas tão diferentes de fazer coisas ou lidar com situações. Cientificamente falando, era claro para mim que eu não poderia menosprezar a diferença do processamento de informações e modelo de comunicação entre homens e mulheres. Mais tarde, o Senhor tratou comigo o impacto da cultura familiar sobre a forma de se comunicar. Ainda vamos chegar nesta parte, por hora preciso seguir aqui o cronograma de Deus comigo.

A medida que nossas ideias colidiam, mesmo que já não terminassem necessariamente em briga, fui ficando muito curiosa para saber como aquilo seria resolvido. Num dia de muito aborrecimento, numa situação em que a solução parecia tão óbvia para mim, mas ele não atendia o que eu estava dizendo, decidi levar a questão com clareza para o meu Marido Altíssimo.

— Senhor, como é possível que ambos queiram fazer dar certo, em busca das mesmas coisas, não nos entendemos tão bem? Por fim, eu me estresso, falo alto, tento me impor e nem assim adianta. Perco a parte boa, perco a razão e ainda assim não consigo me fazer ouvida.

A resposta do Espírito Santo veio como holofotes para o meu caminho. Fui direcionada para Gênesis 11:1-9, a famosa história da Torre de Babel. Ao ler novamente a história era como se o Espírito Santo falasse comigo o seguinte: "Se vocês tivessem a mesma linguagem, muito rapidamente vocês esqueceriam de mim. Vocês se voltariam para suas próprias torres e castelos e não precisariam contar comigo. Eu mesmo, intencionalmente, coloquei diferença de entendimento na comunicação de vocês. Porém, eu faço a ferida e eu a saro. Faça com que a comunicação de vocês passe por mim, EU SOU O TRANSFORMADOR. Definitivamente, não será na base do grito ou da sua própria força que você vai convencê-lo de qualquer coisa. Mas se eu falar com ele, na linguagem que ele entende, é diferente. Você não tem e não deve se estressar com ele. Fale tudo que precisar falar de forma graciosa e educada, depois vem falar comigo. É em mim que você deve confiar".

Faço questão de contar uma situação que ocorreu, como testemunho prático, para ilustrar este ensinamento: aqui na Alemanha, na maioria das casas, as famílias têm o costume de tirar o sapato na porta de casa e não andam dentro de casa com o mesmo calçado utilizado na rua. Eu, como boa integrante da cultura alemã que sou, já tinha o hábito de fazer a mesma coisa. Carlos, porém, nem notava que ele estava com o mesmo calçado da rua, desfilando a casa inteira, inclusive no banheiro, onde eu basicamente só entrava descalço. Não importava quantas vezes eu repetisse a mesma ladainha sobre costume, higiene, integração, blá, blá, blá... Já cansada do desgaste que isso estava causando, entreguei aquela situação para Deus. Decidida a não falar mais naquilo, mesmo que o chão estivesse sujo, e   sabe lá o que todas aquelas bactérias fariam conosco.

Um belo dia, saio do banho e, ao apoiar o pé na banheira para passar um creme no pé, tomei um susto quando um tucho de poeira que estava no meu pé tinha sido transferido para a banheira. Sem meus óculos, eu não consegui identificar rapidamente o que era aquela mancha escura, cheguei pertinho e vi que era poeira do chão. Eu havia acabado de tomar banho. Tive uma descarga de adrenalina pelo susto e pela raiva ao notar o que era de fato.

Graças à ação do Espírito Santo, eu consegui me controlar e não soltar um berro supersônico imediato. Respirei fundo e comecei a orar: "Pai, olha isso! Me ajuda. Fico muito brava com essas coisas. Fala com teu filho, pois eu já me estressei demais, olha isso!" Nisso, eu peguei um pedaço de papel para limpar a borda da banheira. Ao olhar para o papel com toda aquela poeira escura, senti o inimigo sugerindo: "Pelo menos este papel ele tinha que ver. Mostra isso para ele, vai lá, enfia esse papel na cara dele, e quem sabe ele nota que não dá para entrar de calçado no banheiro".

E mais uma vez o Espírito Santo me acudiu: "Não faça isso! Não quebre o clima com esta casca de banana agora. Saia do banho graciosa e continuem a noite romântica como planejado. Estou cuidando". Segui o conselho.

No dia seguinte, já não recordava da situação, eu estava na sala trabalhando, quando começo a ouvir um barulho de água correndo e escova... Pensei que ele estava lavando algum tênis dele na banheira, mas fui ver, porque os barulhos não correspondiam tão bem. Para minha surpresa, ele havia tirado o tapete do banheiro e estava lavando-o dentro da banheira com escova de lavar roupa e, quando cheguei na porta, ele disse: "Amor, a partir de hoje ninguém entra mais de calçado no banheiro! Olha a cor dessa água. Este tapete está imundo!"

Eu não resisti. Comecei a louvar a Deus quase que em saltos e contei para ele o que havia ocorrido na noite anterior. Foi engraçado! Ele disse: "Ah, quer dizer que você e Deus estão me controlando agora, é?" Rimos alto!

Deus continuou ministrando esta palavra no meu coração, me ensinando mais sobre o homem ser o sacerdote do lar. Eu não tinha o direito de falar de qualquer jeito com ele. É com ele que Deus fala diretamente muitas coisas, principalmente sobre grandes decisões. Eu precisava melhorar no quesito confiança. Deus não está buscando mulheres com as melhores ideias, soluções otimizadas e criatividade mirabolante, mas mulheres obedientes, capazes de confiar em seus maridos, entendidas de que a ligação entre Deus e um marido é algo muito especial e poderoso. Passei a orar ainda mais por Carlos, no sentido dele estar com o coração receptivo à voz do Espírito Santo. E eu não precisaria lutar nenhuma batalha mais na base do berro ou do autoritarismo. As batalhas continuam existindo, mas a forma como eu passava por elas estava mudando. Comecei a mentalizar o seguinte: o fardo de Jesus é leve, se está pesado, é porque está errado.

Capítulo 8

A METÁFORA DA COUVE-FLOR

"Deus se revela nas coisas pequenas, e essas coisas pequenas refletem"

a grandeza de Sua obra." — A. W. Tozer

Numa conversa boa, despretensiosa, num dia qualquer, com minha irmã, ela me apresentou uma metáfora que mudou muito minha forma de ver as coisas. É maravilhoso contar com o apoio de metáforas para compreender ideias complexas. Jesus fez muito isso ao nos ensinar tanto sobre o Reino de Deus por meio de parábolas. E agora eu gostaria de, tentar pelo menos, compartilhar a metáfora da couve-flor com você.

Imagine que toda a humanidade fosse uma couve-flor. Se cortamos a couve-flor nos talos, percebemos que, basicamente, ela mantém a mesma estrutura: talo e copa. Respeitando esta construção, se continuarmos cortando, até a menor porção possível, ainda vamos ter uma boa representação do **todo**, talo e copa, e se a couve-flor inteira representa a humanidade, este minúsculo raminho, representante do todo, é você, indivíduo. Agora, imagine a couve-flor inteira como sendo o plano de Deus para a humanidade, Seus propósitos, Seus mandamentos e ensinamentos para um grupo de pessoas tão grande que mal conseguimos visualizar. Não só os 7 bilhões de pessoas presentes atualmente, mas também todas as que já vieram e já foram e ainda virão em todos os tempos. Complexo! Mas de uma forma linda, misteriosa e miraculosa, Deus nos permite entender um pouquinho do todo através de nossas experiências pessoais. É dentro da nossa experiência de vida, totalmente singular e individual, que Deus se revela a cada um de nós, dando-nos a chance de cumprir nosso propósito, e num conjunto incontável de micro, se forma um plano macro.

Por exemplo, Deus é Pai (couve-flor inteira), para ilustrar a figura de um pai e nos ajudar a entender o que é um pai (o todo) Ele nos deu, a cada um de nós, um pai (experiência pessoal, a menor porção de um raminho da couve-flor). Outro exemplo, Deus deu Seu filho Jesus para redimir a humanidade (couve-flor inteira), fica mais fácil de compreender esta relação a partir do meu papel como filha, pois, quando penso no quanto meus pais me amam, e que grande sacrifício é tanto para um pai que entrega um filho amado à morte, quanto para o filho ter que se separar de seu pai (raminho), e por aí vai. Ou seja, a partir das nossas experiências pessoais (micro), familiares, culturais, etc., Deus trabalha a revelação de seu plano maior (macro). É muito importante discernir as dimensões e diferenças entre o todo e o raminho. Gosto muito de relacionar esta metáfora da couve-flor com o que o apóstolo Paulo diz em 1 Coríntios 13:12 sobre nossa limitação de perceber a vida e vermos apenas um reflexo obscuro e meramente conhecermos em parte. Pelo menos por enquanto, até chegar o dia em que veremos o todo plenamente, face a face. *Maranata, vem Jesus!*

Este discernimento é essencial. Estamos falando de seres humanos em um mundo físico altamente corrompido, mas ainda pelo qual Deus se revela a nós, e sim reflete a glória do Deus Altíssimo. Mas justamente devido ao mal que afeta a criação é que, por exemplo, um homem pode não ser um bom pai e isso atrapalha a percepção do filho com relação à característica paterna de Deus. Temos que ter discernimento para separar essas coisas. Tanto um bom pai, quanto um pai não tão bom são apenas homens, que carecem da misericórdia de Deus para ajudá-los a desempenhar seu papel à imagem e a semelhança do seu Criador, assim como todas nós em nossos papéis, mas a decisão pelas diretrizes que Deus deixou para cada papel é individual e cabe a cada um fazê-lo. E aqui fica uma dica: quer ser um bom pai? Aprenda com o Pai Celestial o que um bom pai tem que fazer. Quer ser um bom filho, um bom servo, um bom pastor, um bom amigo? O próprio Deus praticamente desempenhou todos esses papéis para nos deixar um exemplo perfeito de como devemos ser.

Com esta ideia da couve-flor em mente, identifiquei rapidamente alguns papéis aos quais eu já estava habituada. Já com certa facilidade e familiaridade, eu me relacionava com o Deus que é Pai, um Deus Irmão, um Deus Amigo, um Deus Rei, um Deus Filho. Todas as coisas subsistem Nele e nenhum desses papéis O limita. Mas nos ajuda a compreender como devemos ser em cada uma dessas atribuições. Por favor, lembre-se, Deus é absoluto! Ele mesmo não está limitado a nenhuma dessas atribuições, mas é como se Ele separasse em porções para nos ajudar a compreender um pouquinho de quem Ele é. Quero reafirmar aqui que minha percepção pessoal de Deus não o limita. Reconheço que Deus não se explica.

Efeito couve-flor — A história de amor do Velho Testamento

Ao me casar, uma nova competência foi desbloqueada na minha experiência pessoal, a de cônjuge. Até então, esta percepção era restrita à experiência das outras pessoas. Mas finalmente chegará minha vez, e eu podia explorar este mistério maravilhoso, o casamento (Efésios 5:21-22).

No entanto, ser cônjuge estava se revelando muito mais desafiador do que eu podia imaginar… mas, ao mesmo tempo, era como se o Senhor me dissesse que Ele não nos pede nada que Ele mesmo não tenha mostrado exatamente como fazer. E eu comecei a esmiuçar as características do Deus Marido.

Eu já estava terminando de ler o Velho Testamento de novo e a frase do versículo 5 do capítulo 54 de Isaías: *"Pois o seu Criador é o seu marido"* me deslumbrava, me convidava a ir mais fundo neste papel que o próprio Deus assumiu para nos estabelecer um modelo a ser seguido, e nos ensinar, a partir de seu próprio relacionamento com sua esposa, Israel, o que fazer e o que não fazer. Uau, o Velho Testamento é uma história de amor! Um amor não muito diferente dos nossos, muitos dramas. A história de um marido fiel e poderoso, sendo esbanjado pela esposa, onde podemos observar com clareza e aprender muito a partir das características de identidade, comportamento, consequências, tanto de um quando de outro. Tudo tão atual e aplicável na nossa vida. O Velho Testamento, observado pelo ponto de vista do casamento entre Deus (o homem) e Israel (a mulher), evidencia alguns padrões de comportamento e traços característicos importantíssimos do ser humano do sexo masculino e feminino distintamente. Se considerarmos as características apresentadas como sendo próprias de um marido e de uma esposa, isso nos ajudará não apenas a entender melhor homens e mulheres de forma geral, o cônjuge que temos dentro de casa, mas isso também refina a nossa obediência ao Criador e entendimento do que de fato é o propósito do casamento, como lidar, o que fazer para dar certo.

A análise que se segue da configuração de ambos os papéis não é exaustiva, mas gostaria de dividir com você os pontos que sinto ser relevantes, que tiveram maior impacto no meu casamento e com todo o temor e confiança de que o próprio Espírito Santo me instrui na escrita deste livro.

O Marido, o modelo a ser seguido

O papel do marido é vivido intensamente pelo próprio Deus. Isso por si só revela o quanto a figura do marido é santa, divina, sagrada. Percebi, ao longo da história, Deus como um marido incansável, apaixonado, resgatador de sua amada. E assim, as exigências e demandas de um marido foram patenteadas. Apesar de muitas destas condições parecerem óbvias, infelizmente até hoje, não poucas vezes, elas continuam sendo negligenciadas pelas esposas desavisadas (e aqui me refiro a homens e mulheres).

Elenquei abaixo algumas características que considerei principais, talvez pelo quanto elas se repetem, embora eu tenha citado apenas uma referência bíblica para cada uma. Mas, uma vez estabelecida a ideia, você certamente conseguirá identificar várias outras diretamente na Bíblia. Considero que todas são relevantes, assim como tudo que está escrito e ensinado na Palavra. Já posso adiantar que tudo se resume a uma única exigência: SER ÚNICO. Mas vamos detalhar um pouco mais o que isso significa.

Reciprocidade exclusiva: (Deuteronômio 6:5) Um marido exige ser amado com exclusividade. Marido nenhum, que se preze, concebe a possibilidade de dividir o amor da mulher amada com outros. Amar o marido de maneira exclusiva, com zelo e certa devoção, é fundamental para o bom relacionamento. E pode confiar (sei que o mundo diz o contrário), pois, na essência, todo homem tem dentro de si o desejo de amar exclusivamente uma mulher.

Fidelidade (Josué 24:14): Um marido requer uma esposa sincera e fiel. Infelizmente, o entendimento sobre fidelidade continua raso, pois não foi em vão que Jesus esclareceu em Mateus 5:28 que tão somente o olhar, a menor intensão no coração (que muitas vezes nos passa desapercebida) é suficiente para impactar o relacionamento como infidelidade. Maridos precisam, demandam, de mulheres fiéis. Lembre-se de que seu casamento e compromisso são primeiramente com Deus, seja fiel ao seu marido, sobretudo, por fidelidade a Ele.

Intimidade (Salmo 25:14): Só quando me casei consegui entender melhor esta exigência. A intimidade é como um núcleo sagrado a ser guardado e protegido pelo casal. Nossos sonhos, planos, orações, até nossas piadas internas, nosso jeito de ser quando ninguém está olhando, sem exposição, sem intromissão. Pelo Velho Testamento aprendi que homens não gostam de ser expostos naquilo que é íntimo. Neste ponto específico, senti no meu coração o Senhor chamando minha atenção a ser mais cuidadosa e discreta com aquilo que era nossa intimidade, apenas meu e Dele.

Adoração e Louvor (1 Cr. 16:29): Sei que é estranho falar de adoração e louvor a um homem, que o Espírito Santo nos dê discernimento para entender e guardar as devidas proporções de cada coisa. Sim, homens querem, gostam e precisam ser elogiados, reconhecidos. Se um marido trabalha o dia todo para colocar o pão na mesa todos os dias, ele quer, sim, ser reconhecido por isso. A demonstração de apreço às ações nobres de um homem é poderosíssima e vai extrair cada vez mais o melhor desta pessoa. Digo que isso nem é exclusividade dos homens, pois as mulheres também necessitam e se alegram sempre que são louvadas pelos seus feitos, mas ao marido é devido e imprescindível para o bom funcionamento da natureza dele, espelhada na essência do Deus marido.

Eu diria que este é um dos pontos mais distorcidos pelo inimigo para afetar o equilíbrio da Lei do Deus Criador e identifico em muitas ocasiões duas tendências. A primeira, a mulher que não louva seu marido porque o louvor é devido só a Deus, e por isso seu marido se torna um homem complexado, inferior e medíocre. Isto leva a mesma mulher, inconscientemente ou não, a louvar outros, percebendo outros homens como mais prestativos, mais bonitos, mais seguros, ou ainda, ela louva a si mesma por aguentar tudo que aguenta e isto está errado, provoca desequilíbrio e acarreta outras consequências.

A outra tendência que percebo já instalada é o elogio retido para que o outro não fique de orgulho "inflado". Esta seja talvez ainda mais comum do que a primeira e ocorre em todas as esferas de relacionamento. Lamento tanto que tudo esteja tão às avessas. Pois há grande perda para ambos os lados, quando o apreço não pode ser entregue ou quando feito gera orgulho. Homens e mulheres com a identidade firmada no Altíssimo Deus têm em mente que são barro e não tomam para si elogios, independentemente de onde eles vêm. Maridos saudáveis precisam de palavras de afirmação, no entanto, com grande discernimento e humildade.

Ser um com ele: É mistério, e parece que continuo longe de entender tudo que está envolvido aqui, mas acho importante mencionar. Dentre muitas orientações deixadas por Deus sobre o casamento, uma bem explicita é sobre ser uma só carne com nosso cônjuge (Gênesis 2:24). Mais tarde, já no Novo Testamento, Jesus fala melhor e inúmeras vezes sobre concordância e unicidade como Ele é com o Pai. Somente depois que me casei é que pude compreender que ser unidade está muito além da relação sexual. Há um poder muito grande na unidade de mente, de coração. A paga para dois, mencionada em Eclesiastes 4:9, é imensamente maior quando estamos em sinergia, interdependência, fundidos em unidade através do Espírito Santo com nosso cônjuge. E se não conseguirmos iniciar esta unidade dentro do casamento, certamente não vamos transbordar para a família, igreja, comunidade.

"Melhor é serem dois do que um, porque têm melhor recompensa pelo seu trabalho." — *Eclesiastes 4:9*

A Esposa, lições do que não fazer

A esposa representa a igreja, este grupo de pessoas imperfeitas, homens e mulheres que, desde sempre, dependem da graça, misericórdia, amor e perdão de Deus. Quando voltei meus olhos para a história, como sendo o povo de Israel a esposa, confesso que em alguns momentos fiquei até meio constrangida por ser mulher... mas depois entendi que a esposa, neste contexto, representa o ser humano, tanto homens e mulheres. Enxerguei com clareza comportamentos que continuam sendo comuns e atuais entre casais, e o resultado continua sendo o mesmo, o despertar de fúria e ira do outro.

Se na história de amor do Velho Testamento o marido estabelece padrões para a identidade masculina, em contrapartida, a esposa deixa uma longa lista de erros a serem evitados, exemplos a não serem seguidos, ou quase como um guia prático de como arruinar o seu casamento em pouco tempo.

Mais uma vez, listei aqui apenas alguns dos erros graves que considerei mais enfatizados, mas certamente você poderá identificar outros pontos e tirar novas lições diretamente da Bíblia.

Olhar para trás: (Números 11:5) Diante dos primeiros desafios que surgiram após a saída de Israel do Egito, a "mulher" (o povo de Israel) se lembra com saudade da relação tóxica e abusiva que tinha anteriormente (a escravidão no Egito). Isto nunca vai dar certo! Especular que qualquer outra relação do passado teria sido melhor só vai desvalorizar, ofender e enfurecer o outro.

Espreitar para os lados: (Juízes 3:5-6) É erro gravíssimo ficar apreciando a grama do vizinho, e pelo que entendi, sempre vai resultar em uma única coisa, infidelidade (lembrando que apenas a intenção do coração já pode contar como ato de infidelidade). Ao invés de focar na missão que tinham de conquistar a terra, a "mulher" vai lá fazer amizade, ficar de *lero-lero* com os povos vizinhos. Acaba se envolvendo demais. Quando assusta, o caminho é sem volta.

Pare de ficar olhando para os lados! Casada ou solteira, homem e mulher, foco no que Deus tem para você, para a sua vida. Volte-se para dentro da sua casa, sua família. Se envolver com questões alheias, se você não foi chamado para isso, pode terminar muito mal.

Comparar: (Jeremias 2:11-13) A comparação levou a "mulher" a trocar Deus por deuses, que nem deuses eram. A comparação é uma verdadeira dinamite para os relacionamentos. Apesar de ser um mal que não se restringe apenas às relações conjugais, em um casamento é altamente destrutível. O problema deste erro é que muitas vezes ele vai se manifestar de uma forma sútil, apenas um pequeno comentário sobre o marido da fulaninha, que é super prestativo, ou meramente uma observação de como o outro é mais bonito e seguro.

Infelizmente as mulheres tendem a incorrer neste erro mais que os homens e sem perceber estão cativando insegurança e até mesmo agressividade em seus maridos. A comparação é basicamente uma declaração de insatisfação. Muito cuidado! Observe sua linguagem. A comparação não funciona como mecanismo de encorajamento, mas ao contrário, desanima, desmotiva, intimida.

Ingratidão: (Juízes 8:34-35) A ingratidão é como beber veneno e esperar que o outro morra. A pessoa ingrata, chega a acreditar que está movendo o outro ao murmurar e falar de suas insatisfações. No entanto, é claro e cristalino que, a ingratidão e o queixume só vão resultar em piora, em deterioração da questão. A comunicação com tom de ingratidão, a crítica constante sobre o que outro faz e como faz é a pior forma de tentar reverter algo que não agrada. Não deixe sua memória te enganar, com certeza há coisas boas para focar. Valorize o outro pelo que ele faz de bom, não deixe que as falhas sobreponham as qualidades. A constância da ingratidão gera amargura, ressentimento e rebeldia.

Rebeldia: (Ezequiel 2:3-4) Uma mulher de coração duro e obstinado é incapaz de dar ouvidos ao seu marido. Me entristece tanto perceber que este continua sendo um dos erros mais recorrentes entre as mulheres atualmente. Mulheres tão cheias de si, certas em tudo que fazem, dominadoras, capazes de controlar tudo. Porém, cegas. Até quando…? O Senhor Deus permitiu toda a história de Israel para nos ensinar, para nos revelar o que acontece quando agimos em rebeldia com as leis e preceitos estabelecidos por Deus. E ainda assim, dificilmente se atribui à rebeldia os problemas do casamento. Aliás, ao contrário, mulheres exaustas e infelizes ainda buscam o mínimo do reconhecimento por carregar o mundo nas costas. Eu já estive neste lugar! Entendo perfeitamente a cultura em que vivemos e glória a Deus por abrir os meus olhos. Espero muito que este livro te ajude a ver o que não via antes e que faça também diferença no seu casamento, na sua vida.

Quando comecei a me atentar para estas coisas e, intencionalmente, alterar meu comportamento e minha forma de pensar, percebi muito rapidamente grandes mudanças no meu relacionamento. Não é tão fácil, principalmente no começo, mas à medida que os frutos surgem, não queremos voltar de onde saímos. Uma coisa percebi: que força poderosa é o amor. Um homem que ama é como se ele conseguisse acessar superpoderes. Um homem que ama sua esposa tem favores e privilégios garantidos por Deus. Um homem amado e apreciado por sua esposa, não economiza em amar de volta.

Entendi que minha missão única na vida, como esposa, é fazer com que um único homem, meu marido, se sinta genuinamente o homem mais bonito, cheiroso, engraçado, inteligente, sexy entre todos, em todo o mundo. E isso é fácil, porque para ele importa tão somente o que eu o aprecie.

Homens que não têm suficiente apreço dentro de casa, possivelmente vão instintivamente buscar amor e reconhecimento fora, na rua, entre os amigos, com pessoas alheias. E ainda assim, não será o bastante, pois não é de quem ele mais espera e precisa receber.

Capítulo 9

POR QUE OS AVIÕES VOAM?

"Do Senhor é a terra e a sua plenitude..." —Salmo 24:1

No corre do dia a dia, pelo menos a maior parte do tempo, tendemos a nos esquecer da nossa ínfima noção de que Deus é criador dos céus e da terra, de tudo que existe embaixo do céu e em cima dele. Ele criou tudo que se pode encontrar na natureza e em todo o universo que existe do lado de fora e dentro de cada um de nós, o que vemos e o que não vemos. Deus criou todas as leis, da física, química, leis da aerodinâmica, da biologia, e tantas outras que eu nem sei o nome. O mais interessante sobre essas leis é que todas elas, sem exceção, estão em pleno vigor desde sempre, exercendo seu poder ao que lhes foi determinado, quer você queira ou não, goste, aprove, conheça, perceba ou não.

Dentro do casamento o Criador começou a chamar minha atenção para as leis que regem a relação entre homem e mulher em uma aliança, são exatamente como leis naturais, existem seus pontos de equilíbrio, e apesar de termos que lidar com a queda humana, nossa imperfeição, pecado, etc., dentro das condições corretas e harmonia de alguns elementos essenciais os frutos são gerados naturalmente como consequência inevitável pela combinação dessas leis, e eu não me refiro aqui somente aos filhos.

Na volta de uma viagem que fiz para a Austrália, antes de me casar, o Espírito Santo começou a ministrar as primeiras lições a este respeito. Pela janela do saguão, eu observava o tamanho gigantesco do avião que eu entraria em breve. Eu estava chocada com o tamanho exagerado daquela máquina e, na minha ignorância, eu só conseguia pensar no absurdo completo daquela monstruosidade sair do chão, enquanto um frio congelante tomava conta do meu estômago. Porém, enquanto eu estava ali atônita, me veio a seguinte pergunta:

— Você sabe por que os aviões voam?

Pensei de volta:

— Não faço a menor ideia… e mesmo já tendo voado tantas vezes, é inacreditável, pois neste exato momento parece impossível.

Daí me veio a seguinte explicação na mente:

— Este avião não vai apenas decolar, mas vai permanecer por 16h no alto, simplesmente porque obedece às leis da física, da aerodinâmica. Quem os projetou entendeu a existência das leis e, ao invés de tentar mudá-las para torná-las convenientes, tão somente encontrou o ponto de equilíbrio para as próprias leis trabalharem em seu favor.

Neste momento, entendi que o Espírito Santo estava me trazendo uma lição importantíssima, que não apenas trouxe muito conforto ao meu coração naquele momento pré-embarque, mas continuou falando comigo…

Assim como para todo o ecossistema, existe uma gama de leis que se aplica ao ser humano e suas relações: as leis do amor, as leis da vida, as leis morais, as leis do feminino e do masculino, as leis do trabalho, as leis da semeadura e por aí vai. Minha intensão não é esmiuçar aqui este código das leis naturais das relações humanas, mas te chamar a atenção para existência das forças que quando ignoradas podem resultar na catástrofe da frustração, na explosão dos nervos, no cataclismo dos relacionamentos causando desequilíbrio, um efeito dominó, provocando danos incalculáveis.

Enquanto eu ainda estava agora estarrecida com estes pensamentos que jamais haviam passado pela minha cabeça, me veio uma imagem de um avião que não levantava voo, mas seguia por ruas e estradas, causando estragos, tendo que parar no semáforo, com a falsa sensação de estar chegando em algum lugar. A voz dentro do meu coração pareceu dizer: "Se minhas leis permitem aviões voarem tão alto, imagina o que planejei para os homens? Fiz o homem para voar mais alto que os aviões, mas eles não quiseram. Vocês preferem percorrer ruas estreitas construídas por suas próprias mãos, com um desempenho muito a quem, alcançando e usufruindo muito menos do que poderiam". Uau... "Quero, mais do que nunca, conhecer e obedecer Suas leis, Senhor", pensei em resposta imediatamente.

Mais uma vez, era como se um espelho fosse colocado diante de mim e eu tivesse a chance de examinar minhas deformidades, sofismas. Logo percebi que, por mais que parecia que minha carreira, inteligência, viagens tivessem me feito chegar longe e alto para uma mulher na minha idade, entendi que eu tinha que ser quebrada e feita de novo. As leis que me regiam eram as leis de uma sociedade que empoderou mulheres, movendo todo um ecossistema para fora de seu equilíbrio. O problema não está na inteligência, na competência, na iniciativa, mas em tentar sobrepor-se a um plano supremo, irrevogável, agindo com ignorância e desconhecimento da posição correta, onde estas qualidades somam sem causar anomalia, devastação. Me senti inteligente o suficiente para não discutir nem tentar resistir ao Braço Forte do Senhor. Desejei ser quebrada para ser feita de novo quanto antes, pois já tinha perdido tempo demais no engano, percorrendo ruas e estradas, carregando em mim o potencial de subir como um foguete, com pleno senso de propósito e vida de significado.

Passei a perceber meu casamento como um canal de um amor muito exclusivo de Deus e um meio maravilho de me casar com o próprio Deus, firmar aliança com suas leis, mandamentos e amor. Salmo 119 nunca havia feito tanto sentido para mim. Quanto mais eu percebia a força de suas leis no meu dia-a-dia, mais eu buscava este ponto de equilíbrio, conhecimento, obediência. Ficou claro para mim o que meu marido, como homem, espera de mim. Passei a ver nele o reflexo do seu Criador, que o fez à imagem e semelhança Dele mesmo, estabelecendo os valores, posicionamento, formas de tratar e falar a um homem marido.

Você sabe quem é o homem mais bonito do mundo? O mais engraçado, gente boa, cheiroso e elegante? O nosso marido! A maior incumbência de uma esposa se resume em fazer com que seu único marido se sinta amado, respeitado, elevado à posição de honra dentro de casa e na sociedade, no que depender dela. Zelar por sua reputação, auxiliando e genuinamente crendo que ele é canal de amor e benção escolhido pelo próprio Deus.

Ao tratar meu esposo no modelo que Deus estabeleceu e nos revelou através da Primeira Aliança, de forma natural e leve, comecei a extrair dele qualidades e comportamento surpreendentes, de amor, doçura e cuidado para comigo.

É triste ver como tudo está às avessas. Ver mulheres que têm conhecimento da Palavra, mas tratam mal seus maridos, com desonra, com aspereza, com desilusão. Homens cristãos que dentro de casa se sentem fracassados, feios, trocados, não apreciados. Mulheres tomando a dianteira de tudo, arrastando seus homens como se fossem sacos de batata. Estou citando as mulheres, mas sei que de igual forma os homens têm sua parcela de responsabilidade neste desatino. É triste ver a combinação de maior potencial da criação desperdiçando recursos por falta de conhecimento. E até muito pouco tempo atrás, eu mesma não estava fazendo nada de diferente. Colhendo também aborrecimentos, desentendimentos e desgosto.

Eu espero muito que isto esteja fazendo sentido para você, para gerar na sua vida a mudança que gerou na minha.

Se você subestima seu marido você subestima Deus

Chegamos pela primeira vez à Alemanha, com 10 dias de casados. Era janeiro, estava frio e tinha muita neve. Certamente que, para Carlos, tudo era ainda mais desafiador do que eu mesma podia imaginar, pois além do casamento, tudo era novo: a casa, a cidade, a comida, a língua. Olho para trás hoje e só posso admirá-lo ainda mais por ter enfrentado todas as diferenças, o frio, a saudade, toda novidade com muita dedicação e humildade. Sei que não foi sempre só flores.

Ele precisava arrumar um emprego urgente. Como eu trabalhava de casa, ficava bem difícil concentrar nos meus afazeres. Eu já estava meio preocupada com a falta da rotina, que com certeza não seria a mesma dali em diante. Às vezes tudo parecia lua de mel, às vezes tudo parecia estranho e caótico e eu me sentia perdida no meio das mudanças. No Brasil, Carlos era exímio vendedor de roupas esportivas. Muito envolvido na área de moda e esporte, ele já tinha feito várias companhas como modelo e, como atleta, chegou a jogar basquete profissional por um tempo. Lindo, maravilhoso, mas no mercado alemão nada daquilo parecia aproveitável.

Meu coração começou a ficar muito inquieto, muitas perguntas começaram a rebater na minha cabeça diariamente: "Como este homem vai trabalhar e sustentar a casa se ele não fala alemão? Sem diploma superior, como ele vai arrumar um trabalho decente? E se ele nunca aprender alemão tão bem, como vai ser?". Sem me dar conta, a angústia foi contaminando meu coração e, mesmo quando ele já tinha um emprego, eu não me sentia confortável com nossas perspectivas de futuro.

Quanto mais perguntas, mais clara uma resposta lógica se consolidava na minha mente: "Sou eu que vou ganhar o dinheiro grosso! Não é o que eu mais queria, mas não tem outro jeito, somos um desses casais onde a mulher sai para trabalhar e o homem fica em casa para cuidar da casa e cuidar das crianças... paciência.".

Carlos saia para trabalhar. Se minha preocupação fosse tão somente cuidar da casa e de cozinhar acredito que tudo teria funcionado melhor, mas não, além da casa e da comida eu me desdobrava com minha loja online de presentes e papelaria, buscando parcerias, clientes, tendo que produzir conteúdo para garantir o engajamento e de alguma forma nada estava dando certo como eu gostaria. Eu me sentia cansada e insegura e não entendia porque Deus não me abençoava mais profissionalmente como antes.

O marido começou a chegar em casa exausto do trabalho e nem sempre a casa estava limpinha e nem sempre o jantar estava pronto... mas o problema não era este, mas sim que ele não entendia que eu também estava trabalhando e que meu trabalho também era importante. Na verdade, eu queria que ele compreendesse que meu trabalho era até mais importante que o dele, pois se eu que sei falar alemão e que havia estudado, então ele deveria me apoiar para que em breve ele pudesse sair do emprego dele e ficar apenas por conta da casa ou me ajudando no nosso próprio negócio que eu estava construindo. Tudo parecia tão óbvio, mas só resultou em mais brigas e desentendimentos. Mesmo já tendo ouvido tanto de Deus, tinha hora que a parte boa parecia não fazer nenhum sentido. Aliás, escolher a parte boa me parecia irresponsável, afinal, se eu não fizesse, quem faria?

Mesmo agora, enquanto escrevo estas linhas, fico meio sem graça com minha arrogância. "Me quebra, Senhor, quantas vezes forem necessárias! Jesus, filho de Davi, tem misericórdia de mim. Por favor, não desista e não me deixe como sou." E esta contínua sendo minha oração diária.

"Quem é este que obscurece o meu conselho com palavras sem conhecimento?
Prepare-se como homem; eu farei perguntas, e você me responderá." — Jó 38:2-3

Um dia, enquanto eu orava, equivocada em todo este disparate, pedindo a Deus que abençoasse meus negócios, foi como se eu ouvisse, mais uma vez, a voz do Espírito Santo me questionar:

— Filha o que você está fazendo com minha Lei, com minhas determinações e instruções? Se você quiser fazer do seu jeito, eu vou deixar, mas eu estou fora.

E eu, ainda cega, questionava:

— Mas Pai, foi o Senhor mesmo quem permitiu que eu estudasse, que eu chegasse aqui muito antes dele e aprendesse este idioma complexo. Agora tenho que abdicar dos meus sonhos, de uma casa maior, muitos filhos porque não posso trabalhar e usar todos os recursos que o Senhor me deu?

E aí veio uma fala que senti claramente, não era eu mesma. Uma resposta tão brilhante quanto cortante e precisa, fazendo uma manobra de emergência enquanto eu me engasgava com meu próprio ego:

— Rasgue seu diploma! Você acha mesmo que preciso dele? Faço através da vida dele muito mais do que você pode imaginar. Você realmente acha que preciso do seu alemão? Filha, entenda que isso para mim e lixo podem ser a mesma coisa. Tudo que tenho para fazer na vida de vocês, basta apenas que você confie e obedeça. Pare de obscurecer meu conselho com palavras sem conhecimento. Estão em mim todos os recursos de que vocês precisam para realizar tudo que for necessário. Quando você subestima ele, na verdade, você está subestimando e limitando a mim.

Uau, este esclarecimento simplesmente mudava tudo! De coração contrito e bastante constrangida, pedi perdão imediatamente. Eu me sentia envergonhada pela minha altivez, atrevimento e ignorância. Vi o quanto meu coração ainda estava contaminado pela lógica humana, que é irrisória diante da graça e sabedoria de Deus. O diálogo ainda continuou por algum tempo. De alguma forma, eu me senti também triste e inútil, mas no mesmo instante, o doce Espírito de Deus me consolou, tive o entendimento de que todo meu preparo, estudo e habilidades não ficariam sem utilidade para sempre, mas naquele momento o Pai estava me tratando e me ensinando a ser esposa fiel. Dele mesmo, em primeiro lugar e consequentemente do meu esposo Carlos. Deus não estava me mandando rasgar literalmente meu diploma, mas me ensinando a submeter tudo que tenho e sou ao poder Dele e a confiar na sua Lei e ordenanças, mesmo que eu não entendesse como. Eu me lembrava do quanto era ilógico para mim que aquele avião gigante pudesse levantar voo e ainda permanecer por tantas horas no alto, por não saber como funciona exatamente. Deus estava ali mais uma vez, pacientemente, me instruindo no que era muito mais importante do que qualquer tema de MBA.

"Se o Senhor não edificar a casa, em vão trabalham os que a edificam; se o Senhor não guardar a cidade, em vão vigia a sentinela" — Salmos 127:1

Senti que precisava pedir perdão ao meu esposo. Senti que era hora de desejar ser excelente esposa da mesma forma que eu desejava ser uma empresária de sucesso. Era hora de confiar Naquele que sabe muito mais do que nós e dar o devido espaço para o meu marido ser MARIDO, o sacerdote, o provedor, o homem da casa. Dentro das devidas condições, o milagre é inevitável, tanto quanto a decolagem de um avião ou a germinação de uma semente, ou qualquer outro fenômeno que desafia a lógica humana. Eu precisava encontrar o equilíbrio e cooperar com Deus para que seu Espírito pudesse performar todo o prodígio de um casamento feliz e bem-sucedido, que tanto almejávamos.

Capítulo 10

ESCOLHENDO ENTRE O QUE NÃO PRECISA SER ESCOLHIDO

"Às vezes, fazemos escolhas que nos limitam a uma fração do que Deus realmente quer nos dar." — John C. Maxwell

Passei a dar mais atenção às minhas emoções e a investir mais energia em discipliná-las. O forte paradigma de mulheres de frente de batalha, trabalhadoras e dominantes vinha de muitas gerações na minha família. A transformação de mente pela qual eu precisava passar parecia quase impossível. Passei a questionar o comportamento de pessoas, que até então eu apenas admirava por ter sido ensinada assim, desde minha avó, minha mãe, amigas e outras mulheres que eu tinha como referência. Certamente haveria um ponto de equilíbrio entre a mulher "amélia", que eu havia aprendido a achar cafona, e a mulher "guerreira", que eu precisava sacrificar.

Não foi fácil submeter o hábito e a ansiedade de querer sentar e trabalhar a uma lista de tarefas que eu não priorizava. Mas eu percebia o quanto Deus estava me quebrando, tratando meu coração para que finalmente eu pudesse entender melhor seus desígnios para a mulher esposa.

Eu estava decidida a confiar! Passei a orar pelo meu marido com mais afinco ainda, fazer minha meditação, garantir que a casa tivesse a atmosfera de um lar cuidado, passar no mercado, assegurar-me de que teria uma refeição pronta e bem-feita para quando ele chegasse em casa, essas coisas passaram a ser minha prioridade. Remanejei meus horários e continuei trabalhando com moderação, já bem mais atenta aos sinais de pressão, ansiedade e angústia, como se a vida dependesse daquilo. Sentia a mudança de valores acontecendo dentro de mim e enfim comecei a notar que era muito bom.

Eu sabia que o problema não estava no meu trabalho, mas o valor e peso de solução que eu colocava nele. Conheço excelentes esposas que trabalham, e são ricamente abençoadas por Deus, crescem e florescem junto com seus maridos, e isto é maravilhoso. Cabe a cada uma de nós fazer uma autoavaliação de como está o nosso coração diante do papel de esposa que livremente decidimos por aceitar.

Ainda muito desconfortável e bem desengonçada com a nova rotina, descobri ainda outro aspecto que o Eterno estava requerendo de mim e eu estava falhando drasticamente: na capacidade de confiar, de me deixar ser cuidada, de me deixar ser sustentada, de me colocar numa posição de vulnerabilidade e desagarrar do controle. Novas reservas de orgulho velado foram encontradas no meu interior.

Já eram muitos anos que eu não precisava de ninguém para me sustentar. Comecei a trabalhar aos 12 anos e desfrutei de muita independência financeira desde a adolescência. Até então, isto havia sido para mim motivo de gabação e orgulho, mas novas escamas caíram dos olhos e pude ver o erro: confiante demais em mim mesma, eu não gostava de ter a sensação de dívida com alguém, eu não confiava que alguém faria melhor do que eu. Sem perceber, eu disputava o papel de homem da casa, o que é simplesmente errado, desequilibrado e contra as leis criadas por Deus.

É como querer fixar algo com magnetos de polos iguais. Não terá união, não firma, repulsa, é inútil. Para uma casa, uma família funcionar bem, feminino e masculino devem estar em equilíbrio e harmonia. Se ambos são dominantes, se ambos competem entre si, se a mulher é praticamente um segundo homem dentro de casa, eu sinto muito, mas não vai dar certo, alguma hora vai ruir.

Voltando para a "história de amor" das Escrituras Antigas, podemos também observar com clareza e aprender, pois todas às vezes que Israel se rebela contra o cuidado e sustento do Altíssimo Deus e quer fazer as coisas por conta própria, acreditando equivocadamente que sabem o que é melhor, as coisas desandavam. Era onde começava as brigas e os desentendimentos.

Intencionalmente busquei por mudança de padrões mentais e entendi que ser esposa é um estado de espírito, uma decisão do coração de confirmar no Amado da nossa alma, que estabeleceu que fosse assim e consequentemente no meu esposo, certa de que o próprio Deus que o instituiu sacerdote vai lidar com ele, e eu posso cuidar apenas do que me cabe com paz e segurança de coração.

"Senhor, tu és a porção da minha herança e o meu cálice; tu és a garantia do meu futuro." — Salmos 16:5.

Tão logo este entendimento fez sentido, uma nova janela se abriu e compreendi que se masculino e feminino estiverem na ordem certa, não será necessário escolhermos entre casa e trabalho ou que for, pois TUDO nos será acrescentado. Mulheres poderão trabalhar sem ofender ou competir com seus maridos, maridos poderão cuidar da casa e dos filhos sem terem a dignidade ferida ou se sentirem menosprezados. Finalmente minha alma desfrutava de grande refrigério em poder confiar. Me alegrei muito em sentir quão leve é o fardo de Jesus.

Capítulo 11
SUBMISSÃO É SERVIR COM ALEGRIA

"Grande é este mistério, mas eu me refiro a Cristo e à igreja."

— Efésios 5:32

Eu ouvi de minha irmã está frase: submissão é servir com alegria. A alegria é um detalhe no processo de submissão que muda tudo. E, ao mesmo tempo, é controversa, pois em dias que muitas mulheres não querem sequer que esta passagem seja mencionada no dia do casamento, dentro da Lei de Deus, a submissão da mulher ao homem é clara, como sendo algo bom, necessário, apropriado, pensado para funcionar, para favorecer, para criar harmonia e equilíbrio, ou seja, algo que deveria gerar alegria em nós e não o contrário.

A decisão na alma pela alegria é uma decisão por obediência, por aceitar que, o que Deus tem para nós, mulheres, é melhor do que a ladainha do mundo que resolveu nos empurrar para a linha de frente da batalha, para carregar um fardo que não é nosso. Eu mesma estive lá por muito tempo, lutando com unhas e dentes para conquistar meu espaço, minha carreira, minha vida, meu controle. Independente, com uma falsa sensação de liberdade e de estar chegando em algum lugar longe, sem perceber a distorção e a instabilidade natural que isso estava me causando. Ah, me deixe falar a verdade! No fundo, eu desejava que houvesse alguém para cuidar de mim, alguém responsável pelas contas, alguém para me amar e me manter em segurança e me apoiar caso eu estivesse infeliz e quisesse sair do trabalho. Pronto, falei!

A alegria por entender o nosso lugar na natureza, em um panorama grandioso e divino, é um dos maiores passos de humildade que podemos dar, tanto mulheres quanto homens. Reconhecer nossa condição de criatura, de barro, onde nosso ego precisa morrer para dar espaço ao preenchimento do Espírito Santo. Isso é primordial para tirar de nossas costas o peso do mundo, para nos alinharmos novamente às leis da criação e fluir, crescer, desfrutando de fato do milagre da vida e cumprindo naturalmente nosso propósito. Porém, a capacidade de se submeter com alegria requer rendição, requer fé, entrega, arrependimento, reconciliação. O próprio Mestre, em um de seus últimos ensinamentos ainda como homem nesta terra, deu uma verdadeira aula à sua amada noiva (a igreja) de como servir com alegria e humildade quando lavou os pés de seus discípulos, deixando um exemplo claro de que o serviço e submissão podem ser uma benção. É maravilhoso contemplar um Deus que não exige nada de nós que Ele mesmo não tenha nos mostrado como fazer.

Me parte o coração perceber o quanto nos distanciamos destes princípios. Num mundo de mulheres guerreiras e empoderadas, tem se tornado quase que proibido falar de submissão. Ainda há pouco eu estava neste lugar! Sei bem como pode ser difícil este caminho de volta aos pés do Mestre, quando tudo que aprendemos desde criança foi a correr para cima e para baixo para dar conta de tudo. Estamos, como Marta, ocupadas, estressadas e muito ofendidas por todas aquelas que não estão correndo e arrancando os cabelos junto conosco. Eu era dessas que entrava em desespero de forma muito elegante, num terninho cinza de alguma marca cara. Quem olhava de longe talvez até achasse que estava tudo bem e aquilo era sucesso. Desculpa! Eu já estive aí. Sei bem quanto vazio e solidão podem te afligir, mesmo que talvez você mesma ainda não tenha se dado conta.

A alegria é como se fosse uma chave pequena, mas que, quando virada, tudo que possivelmente era chato, abusivo, arbitrário, injusto simplesmente cai, toda perspectiva muda, a luz bate por outro ângulo e o engano que oprimia e aprisionava não está mais ali. Passa a ser orgânico, autêntico, manso e humilde, como toda a criação deveria ser. Comecei a entender que basicamente todas as minhas questões estavam dependendo de uma disposição do meu coração, uma atitude interna, definitivamente uma Metanoia, mudança de mente. Mudança esta, que só reflete no externo quando já se encontra em harmonia e alinhamento com o interno.

Eu sentia Deus me quebrando e refazendo quase que diariamente. E aos poucos comecei a desfrutar alegria genuína por ser mulher, esposa, por tudo que está nas minhas mãos para ser feito pelo meu lar, pela minha família. Esta nova perspectiva estabeleceu novos objetivos, novos desafios, eu nem sequer conhecia este lado de ser mulher. Mas quando estamos alinhadas com nossa natureza, propósito pelo qual fomos criadas, podemos contar com o sobrenatural. Quando somos obedientes, Deus se compromete com todo o processo. Ele definiu assim e Ele banca! É lindo. Acho minha vida de esposa um verdadeiro luxo, confiada Naquele que prometeu e é fiel para cumprir, entrego TUDO a Ele. Mais uma vez, o Senhor falava comigo: "Eu não estou procurando mulheres mirabolantes que dão conta de tudo, quero apenas mulheres obedientes, alegres por estarem submissas às minhas leis".

Capítulo 12

O HOMEM É FALHO E IMPERFEITO, ASSIM COMO VOCÊ

"Temos, porém, este tesouro em vasos de barro, para que a excelência do poder seja de Deus, e não de nós." — 2 Coríntios 4:7

Eu estava curtindo muito o quanto meu entendimento estava se expandindo e eu via muitas coisas que não enxergava antes e já conseguia desfrutar um lado muito bom do meu relacionamento com Deus e com meu esposo.

Porém, quando eu menos esperava, vinha uma "casca de banana" no meu caminho e, às vezes, eu caia tão drasticamente que eu não entendia nada. Era uma discussão repentina, uma palavra torta fora de hora, uma ideia avessa, nada a ver e de repente tudo corria por água abaixo e parecia voltar à estaca zero. Comecei a cobrar de Deus a mesma transformação que estava havendo em mim no meu esposo. Comecei a achar que tinha uma discrepância muito grande em lidar com um Deus perfeito, fácil de amar e querer estar perto, e lidar com uma pessoa falha, humana, imperfeita, limitada, em que há momentos que parece impossível estar perto.

Meu questionamento começou com a figura do marido, mas logo se estendeu para a figura do pai, do irmão, do amigo, do pastor. Voltando à metáfora da couve-flor, partindo do princípio de que todas essas figuras instituídas por Deus eram como se fossem pequenas lentes que nos permitiam enxergar através, conhecer e entender um pouquinho sobre a essência, carácter e características do próprio Deus. Considerei estar totalmente equivocada e que não passava de uma coincidência que encontrássemos as principais figuras das instituições humanas na Bíblia, fazendo alguma referência ao próprio Deus Altíssimo. Só a título de lembrança, o Deus Vivo, Criador dos céus e da terra, não se limita a nenhuma delas.

Comecei a pensar em pais que não passaram nem perto de ser qualquer referência de Deus para seus filhos, ao contrário, trataram a família com violência e indiferença. Pensei em cônjuges que cometeram adultério sem a menor consideração com o outro, e muito rapidamente a lista ficou imensa, incluindo homens e mulheres em todas as esferas, num descompromisso completo à imagem e semelhança do Deus Triuno. Amigos que traem, pastores que abusam, mães que abandonam e por aí vai. Me deparei com a maldita imundícia que o pecado faz com o homem.

Instantaneamente, o Espírito Santo me levou ao pé da cruz do Calvário. Diante do sacrifício de Jesus, eu me lembrei de que nosso Salvador nos amou e morreu em favor de todos, não apenas de mim e de você, mas de TODO o mundo. Eu não necessito menos do favor e perdão de Cristo do que qualquer outra pessoa neste planeta. Aí me ocorreu o seguinte: quando o Senhor Jesus se entregou por amor a nós, ainda estávamos mortos, corrompidos, podres, depravados, mas ainda assim Ele teve compaixão, amou a ponto de dar a própria vida, foi manso, compreensível, obediente. Aí, (contém sarcasmo), um pobre marido, em algum lugar deste mundo, deixa o calçado no meio da sala, esquece a toalha molhada em cima da cama ou a tampa do vaso aberta e pronto, já temos nossos motivos para convocar um apedrejamento em praça pública. Não sei vocês, mas eu me identifiquei muito com o servo impiedoso da parábola de Mateus 18:21.

Sei que este assunto pode ser bastante complexo e não quero sugerir aqui uma posição simplista para os problemas e erros muito mais graves que casais podem enfrentar. Pois, infelizmente, a falta de reconciliação com Deus causa sim dor, estrago, devastação e, em muitos casos, será necessária a intervenção de outras pessoas para ajudar. De toda forma, a Bíblia sugere o caminho do perdão e do amor como a melhor opção.

Depois de muito refletir, cheguei à conclusão de que, apesar de Deus nos chamar a uma relação de confiança, descanso e amor através da figura do marido, o marido em si é só um homem, falho e imperfeito, assim como nós mulheres, seres humanos. E tanto quanto preciso ser transformada, contar com a graça, misericórdia e perdão do Senhor, ele também. E o que me faz descansar, confiar e amar incondicionalmente meu cônjuge não é exatamente pelo que ele é e faz como pessoa, mas pela minha relação de amor e confiança primeira com o Deus Criador. Mais uma vez, eu era como a criança da praia com as mãozinhas cheias de areia, com os dedos até encarquilhados de tanta força que fazia para se agarrar aos uns grãozinhos de razão molhada, ao abrir minhas mãos desta vez, caiu um martelo de juiz que eu usava para cima e para baixo emitindo sentenças de cobrança o tempo todo: "mas você não fez isso! E aquilo?

Esqueceu de novo? Mas já não falei um milhão de vezes para não fazer isso".

Fico só imaginando se Jesus resolvesse cobrar de mim a dívida que Ele pagou com a própria vida em meu lugar, da mesma forma que cobro tantas coisas muito menores do meu marido. Me lembrei dos milhões de vezes que Jesus já me falou tantas coisas, da Sua Palavra escrita que conheço desde criança, e que recorrentemente eu me esqueço, me afasto, erro, ignoro. E Ele não se cansa de mim, nunca perdeu a paciência e ainda cumpre lindamente Sua promessa de sempre me amar, de estar comigo todos os dias, nunca me deixar.

Percebi que, na verdade, minha maior chance de ter o caráter de Cristo moldado em mim é através do meu cônjuge. Se eu não conseguir amá-lo com toda compaixão e perdão, acredito que não seja possível amar qualquer outro próximo. Pois, amar, demonstrar apreço e cuidado a qualquer outra pessoa que não comece pelo marido é uma verdadeira incoerência, um fracasso completo do segundo maior mandamento bíblico, conforme Jesus em Mateus 22:39, quem dirá falar que consegue amar quem nos fez algum mal. É como se a fonte fosse entupida ainda na cabeceira, não tem como fluir.

O que a Bíblia estabelece claramente como o segundo maior mandamento, um dos quais depende toda a Lei e os Profetas, é o amor ao próximo como amamos a nós mesmos. No entanto, nos esquecemos completamente de que num casamento, sob o mistério de uma aliança, homem e mulher são uma só carne. Se dói nele, dói em mim, se ele sofre, eu sofro. Se somos um, logo ele sou eu. Quando amo o meu esposo, eu estou amando a mim mesma. Sendo assim, o cumprimento deste mandamento obrigatoriamente passa pelo amor genuíno e primeiro ao cônjuge, e assim o transborda para o próximo, não há outra via. E é justamente neste ponto, trazendo isso para o nosso dia-a-dia, que entendemos que quando Jesus fala de amor, Ele está falando de humildade, de mansidão, de renúncia, de entrega, paciência, compaixão e tudo mais que Paulo descreve em 1 Coríntios 13.

Dito tudo isso, eu gostaria de te convidar a ter um olhar de mais sensibilidade e bondade para o seu cônjuge. Ele é só uma pessoa assim como você e eu, carente da graça e misericórdia de Deus.

Infelizmente, se for o caso de você estar em uma situação mais difícil de lidar, os erros já geraram muitas feridas dolorosas, por favor, não deixe de buscar ajuda. Peça ao Senhor sabedoria e coragem. Não desista! Busque a cura.

Capítulo 13

ALGUÉM TEM QUE CEDER

Maturidade. À medida que o Senhor me quebrava, eu ia entendo ao que Ele estava me chamando. *"E a perseverança deve ter ação completa, para que vocês sejam maduros e íntegros, sem lhes faltar coisa alguma."* — *Tiago 1:4.* Eu ouvia um chamado claro à maturidade e integridade. Neste verso de Tiago, ele apresenta a maturidade e integridade como fruto ou consequência inevitável de uma perseverança completa.

Num espaço curto de tempo, eu já sentia o quanto eu já não era a mesma. Meu casamento desbloqueou uma dimensão que eu nem sabia antes que existia. Um novo canal, um rio caudaloso do amor e graça de Deus, rolava dentro do meu coração, me permitindo contemplar e experimentar a beleza e novas características da multiforme graça de Deus, como Pedro fala em sua primeira carta no capítulo 4, verso 10: *"Cada um exerça o dom que recebeu para servir aos outros, administrando fielmente a multiforme graça de Deus."*

Não posso passar aqui a impressão de que foi algo fácil e indolor. Ser quebrado dói. No começo, doía mais, com o passar das experiências, foi crescendo dentro de mim a disposição de confiar, perseverar. Passei a criar menos resistência e finalmente deixar cair meus farrapos já não doía tanto. Quanto mais rápido eu entregasse, parece que mais rápido eu era curada e restaurada. Coisa linda!

Mas quando a questão era com Carlos, ainda não era tão lindo assim. Confiar que Deus sempre está certo é uma coisa, mas discutir com uma pessoa de carne e osso sobre questões que me sinto coberta de razão era ainda outra coisa completamente diferente. Nós mulheres somos, sim, dotadas de uma grande habilidade para gerir multitarefas, nossas sugestões normalmente otimizam o tempo, são mais econômicas e são certamente o melhor a fazer (contém sarcasmo). O meu ponto é que muitos já aceitaram uma inversão completa, onde os homens se tornaram submissos, e muitos até gostam e estão bem confortáveis neste lugar onde a mulher pensa, manda e eles apenas obedecem. Fico até meio chocada com memes e músicas que expõem tão escancaradamente esta realidade e muitos estão apenas rindo e achando engraçado, o que não passa de uma verdadeira catástrofe.

Até então, eu não estava fazendo nada de diferente. Fazia de tudo para provar o meu ponto e ter certeza de que meu jeito, meu plano, minha sugestão, prevalecessem no final. Mas como Deus já estava operando no nosso casamento, comecei a notar com certa sensibilidade esta realidade, mesmo que meu esposo se esforçasse para fazer valer o jeito dele, eu resistia, argumentava e por fim cedia parcialmente, pois ficava uma parte meio escondida que, no fundo, desejava que desse errado apenas para provar que meu jeito teria sido melhor. Foi quando meus olhos abriram para o quanto isto é demoníaco. Orgulho puro. Mesmo que eu cedesse, confesso que muitas vezes eu não tinha uma disposição genuína para cooperar integralmente para que o plano dele desse certo, porque no final eu queria poder dizer coisas como: "Eu falei! Da próxima vez, deixa eu fazer. Eu já sabia que ia dar errado. Da próxima vez, não fique discutindo comigo.".

E pior, quantas vezes não usamos isso para tornar nossos maridos pessoas inseguras quanto às suas decisões? Quantas vezes nossa indisposição para cooperar passa a mensagem de que eles não são capazes e acabamos por invalidar a autoridade deles. Misericórdia, Pai! E depois ainda reclamamos que nossos homens são bananas, agressivos ou autoritários.

Não quero de forma nenhuma, justificar qualquer atitude indolente, covarde ou violenta tanto de homens quanto de mulheres, até mesmo porque cada um deveria estar desenvolvendo sua identidade tendo JESUS como referência e não homens, mas quero sim chamar à atenção para o fato de que temos colhido exatamente o que temos cultivado, e nossa contribuição nem sempre tem sido construtivas ou edificantes, mas ao contrário. Considero este tema de extrema importância, pois a Bíblia deixa muito claro que a casa dividida não subsistirá.

"Se uma casa estiver dividida contra si mesma, tal casa não poderá subsistir." —Marcos 3:25

Tinha momentos em que eu até conseguia ceder mais tranquilidade, mas outros em que eu achava que ele tinha que compreender e aceitar e quando isso não acontecia, lá estávamos nos discutindo e nos desentendendo novamente. E aí foi como se o Espírito Santo viesse me explicar o que fazer diante de um impasse completamente travado.

Fui levada a ler Gênesis 3:16: *"E à mulher disse: multiplicarei sobremodo os sofrimentos da tua gravidez; em meio de dores, dará à luz filhos; o teu desejo será para o teu marido, e ele te governará".* Esta passagem refere-se à parte da consequência direta à Eva pelo incidente da queda do homem. Neste momento, Deus estabeleceu uma ordem, um processo, uma diretriz de procedimento, numa gestão de conflito sem precedentes. Porém, confiando que tudo que Deus faz é bom, perfeito e agradável, pela primeira vez consegui olhar para este texto como uma instrução de boa prática, que já dava início ao plano de salvação, como a melhor forma de lidar e encontrar saída durante os muitos anos de deserto da humanidade, que viria pela frente, em um mundo agora caído, ocupado por Satanás e suas potestades. Entendi que, diante de um problema enorme que a entrada do pecado causou para o homem, Deus ainda ofereceu o melhor caminho para nos guiar para fora do caos. Me ocorreu pela primeira vez parar de questionar. Aceitar, obedecer, confiar, como sendo algo bom, necessário, apropriado, pensado para funcionar, para favorecer, para criar harmonia e equilíbrio, ou seja, algo que deveria gerar alegria em nós e não o contrário, como eu disse anteriormente no capítulo 4. Ficou claro e cristalino para mim que, diante de impasses travados, sempre vai haver duas opções: orar para que Deus fale e convença o marido ou ceder. Ainda que não seja a melhor ideia, a que melhor otimizou o tempo ou o dinheiro. Não se trata de ter razão, mas de ser obediente.

O orgulho feminino em querer se impor e ter tanta dificuldade para ceder ao cuidado, ao sustento, ao plano de um homem tem arruinado muitos casamentos e relacionamentos no geral, inclusive na esfera profissional, sem considerar que nada pode contra o Braço Forte do Senhor.

Capítulo 14

HUMILDADE É A CHAVE PARA UM AMBIENTE SEGURO

"Ele guia os humildes na justiça e ensina o seu caminho a eles."
— *Salmos 25:9*

A estratégia do inimigo para tentar frustrar os planos de Deus não variou muito desde o Éden, pois a mulher continua sendo o alvo principal de seu ataque astuto, trapaceiro e covarde. As mentiras de Satanás continuam sendo disseminadas principalmente através das mulheres, e o rei Salomão foi um dos que percebeu isso como algo mais triste que a morte em seu processo de busca pela sabedoria. *"Descobri que muito mais amarga que a morte é a mulher que serve de armadilha, cujo coração é um laço e cujas mãos são correntes"* *Eclesiastes 7:26*. E ainda segundo ele, entre mil homens, havia pelo menos um como ele esperava, mas entre tantas mulheres ele não achou nenhuma sequer (Eclesiastes 7:28). Isso só prova que o inimigo não tem dado trégua nenhuma para as mulheres desde sua criação.

No entanto, em Provérbios 31:10-31, irrompe um clarão, um grito de esperança para mim e para você, raro como rubis, mas possível. Uma mulher comum, anônima, mas sábia e idônea, bem sucedida, obediente, entendedora do propósito de Deus e de coração guardado contra todos os ataques do inimigo. A Bíblia fala que uma mulher assim vale mais do que joias finas, uma mulher sábia edifica sua casa, é coroa para o seu marido, ela é bonita e tem grande valor para DEUS (Provérbios 14:1; Provérbios 12:4; 1 Pedro 3:3-4).

Não temos que nos conformar com esta era de mulheres bravas, rebeldes, dominadoras, inflamadas pela desconfiança e pelo ego altivo. A proposta de Jesus para as mulheres é outra, é leve, é baseada em segurança, amor, humildade. Mas infelizmente, a cultura da humanidade, já há muito tempo, caminha na contramão, conduzindo cada vez mais mulheres e homens a uma inversão de papéis, de valores, ignorando princípios irrevogáveis e por isso gerando sofrimento e muita disfunção dentro da família e consequentemente na sociedade.

Dentre as diversas armadilhas que o inimigo coloca para a mulher e através dela afeta a todos, uma em particular me ressalta aos olhos como sendo problema gravíssimo dentro do casamento, completamente descabido, verdadeira tolice e algo muito comum, infelizmente, inclusive entre casais cristãos: a competição com o cônjuge.

A crença de que outro sempre quer ganhar gera desconfiança, nos coloca na defensiva. A competição é uma constante provocação, desviando totalmente o foco do objetivo principal da família, que é unidade. A necessidade de ganhar uma discussão, de ter uma ideia melhor do que a do outro, a vontade de se impor, leva muitos casais à separação, pelo quanto é impossível construir um lar com um rival. Quem ganha mais? Quem faz mais pela família? Quem está mais cansado ou quem tem carregado mais o mundo nas costas? A competição toma o lugar da cooperação, comprometendo assim planos e propósitos muito maiores de Deus para aquela família.

Acredito que a competição possa trazer questões problemáticas em muitas outras esferas além da família, pois na maioria das vezes a disputa está contaminada por um ego impetuoso e baseada em paradigmas onde alguém tem que perder e isso é ruim em qualquer esfera de relacionamento. Porém, dentro do casamento qualquer tipo de páreo ou disputa deveria ser completamente inaceitável e combatido pelo casal.

Em pouco tempo de casada, o Senhor me chamou a atenção para esta armadilha horrível, pois muito rapidamente eu poderia ter destruído meu casamento se eu não tivesse entendido isto: não existe discussão ou concorrência entre casais onde um perde e outro ganha, ou os dois perdem ou os dois ganham. Somos um! Cada um à sua maneira, homem e mulher, mas se um não está bem, o outro também não deve estar. A harmonia passa a ser o ponteiro que afere o alinhamento dos interesses, da cooperação, do avanço como casal. É tão poderoso e gostoso quando estamos alinhados e sentimos o fluir do Espírito Santo em nossa casa, na nossa vida, que quando ocorre algo que nos tira deste lugar de segurança, trabalhamos juntos para voltar rápido ao equilíbrio.

Nosso compromisso cristão, através da nossa aliança com o próprio Deus, de dar o nosso melhor com integridade e fidelidade, deveria ser suficiente para cada um saber que o outro está operando em máxima cooperação para o bem comum da família. Máxima cooperação não significa perfeição, nem fazer tudo certo, significa tão somente que o ambiente está limpo de qualquer traço de competição e comparação.

Certamente vão haver erros, falhas, dias melhores do que outros, mas em um ambiente seguro, onde todos estão comprometidos em entregar o seu melhor, fica muito mais fácil perdoar, relevar, acolher. E isso requer humildade.

A humildade é a chave de ouro para a transformação que o Espírito Santo precisa fazer em nós. Humildade para aceitar que os planos do nosso Criador são melhores do que os nossos, humildade para perdoar os erros e as falhas do outro, um olhar manso e humilde até para nossas próprias falhas e erros que também carecem de muito perdão e paciência. Humildade para entender que a nossa natureza é pecaminosa e nosso coração enganoso, e cada dia demanda uma porção fresca, renovada, buscada pela manhã de graça, misericórdia e bondade do Senhor Jesus.

Com este entendimento mais claro, passei a canalizar toda minha energia de competição de volta para mim mesma na busca da minha melhor versão. Quero competir hoje tão somente com a Talita de ontem. Eu quero, sim, ganhar! Ganhar de mim mesma. Vencer minha preguiça, vencer sobre o meu ego, minha procrastinação. Quero ser a melhor esposa que eu possa ser para meu marido, a melhor mãe que eu possa ser para meus filhos. Não em competição ou comparação com outras mulheres, mas pela certeza de estar entregando minha melhor versão a cada um ao meu redor. E neste ponto, sim, cabe uma grande batalha.

Capítulo 15

CULTURA FAMILIAR

Sementes de ouro

De volta em novembro de 2020, quando Carlos e eu entendemos os primeiros sinais do milagre que Deus estava fazendo em nossa vida, nos conduzindo a um casamento em tempo recorde: menos de três meses entre a primeira mensagem e o dia que nos casamos em Portugal no meio da pandemia, sentimos claramente o direcionamento do Espírito Santo para fazermos aconselhamento pastoral. Eu tinha a lembrança de um casal de pastores que fizeram por muitos anos aconselhamento com meus pais quando eu era criança e eu guardei esta memória deles serem uma grande bênção na nossa família. Tantos anos tinham se passado, mas pela graça do Senhor, eles ficaram felizes com meu contato e tiveram muito carinho em fazer espaço numa agenda bem cheia para cuidar de nós. Foram poucos encontros online, mas o suficiente para recebermos o que considerei verdadeiras sementes de ouro.

Já no nosso primeiro encontro, eles nos entregaram palavras que desceram direto ao meu coração. Eles nos encorajaram a orar para Deus mostrar possíveis ciclos hereditários que seriam quebrados e iniciados a partir de nós. Tanto ciclos negativos, maldição hereditária, vícios, comportamentos e mentalidades que chegaram até nós, mas não deveríamos deixar passar, quanto ciclos novos, bençãos, comportamento e mentalidade transformados que deveriam iniciar em nós e ser um reflexo eterno para nossas próximas gerações.

A partir disso o Espírito Santo começou a ministrar muito no meu coração sobre o poder de uma nova aliança. Deus é um Deus geracional. Ele se importa com cada aliança que é formada a partir do casamento, pois é dessa junção entre homem e mulher que Ele vai cumprindo seu propósito e suas promessas de geração em geração.

Foram muitos anos de espera pelo casamento, tanto para mim quanto para Carlos, mas finalmente era nossa vez de brilhar, de sentir na pele a emoção e a responsabilidade de fundar uma família. De forma muito linda, o Senhor nos trazia à consciência a importância e o poder que estava em nossas mãos para determinar o futuro de nossos filhos, netos e todos que virão a partir de nós. Fomos levados a refletir sobre quem éramos, nosso passado, nossa família estendida e quem de fato gostaríamos de ser. Que tipo de família seria a nossa? Passei a orar de forma muito específica para que Deus nos mostrasse os ciclos que precisávamos interromper, quebrar e anular, e outros que daríamos início, com alegria, disposição e esforço.

Carlos e eu vínhamos de dois mundos tão diferentes. A história de vida de cada um passava por caminhos totalmente distintos, hábitos e costumes que em muito não se coincidiam. Porém, nos encontrávamos no temor e amor a Deus, este era nosso ponto em comum e o Senhor começou a nos mostrar que era suficiente, se deixássemos que Ele fizesse tudo novo e não ficássemos apegados a quem éramos antes do casamento.

Deixar pai e mãe pode ser um conceito muito mais profundo do que temos explorado até hoje. Vai muito além do fazer as malas e mudar de endereço. Deixar nossos pais tem também a ver com o romper de um jeito de viver para que unido ao cônjuge, se tornando um com ele, possa ser criada uma nova cultura. Considerei isto também um dos mistérios do casamento, é como se o frescor da nova aliança tivesse um poder curativo, corretivo e criativo. Um momento decisivo de refazer nossa realidade. Não significa que tudo que tínhamos anteriormente fosse ruim, não me entendam mal. Tudo que é bom deve ser mantido. Mas a cada aliança, homem e mulher, há ali a possibilidade de renovo, de um *upgrade* geracional.

O jardim da cultura familiar

Jardins nunca são iguais! Podem até ser parecidos, pois normalmente consistem em uma estrutura muito semelhante, um solo terroso, árvores e plantas diversas. Alguns mais cuidados que outros, alguns com flores ou frutas, ou não. A cultura familiar é uma espécie de jardim coletivo. Juntos, cultivamos tudo aquilo que julgamos importante. A questão é que cultivar intencionalmente os frutos de que precisamos, que escolhemos e queremos colher, demanda o trabalho de uma vida inteira, esforço, disciplina, conhecimento, paciência, tempo, amor, dedicação, etc.

A Bíblia nos dá todos os parâmetros e diretrizes para a fundação sólida de uma família conforme o Coração de Deus. Mas assim como num jardim, nossa participação ativa e criativa é determinante para o resultado do que vamos colher. A vida, o crescimento, o sol e a chuva, a terra e a semente o Eterno Criador nos concede generosamente, mas o que fazemos com tudo isto, como cuidamos e cultivamos é particular de cada um.

Conheço casais casados há décadas que requerem um do outro frutos que não foram cultivados no passar dos anos. Exigem, pelo tempo de relacionamento, árvores que deveriam oferecer sombra larga e estrutura estável para se pendurar uma rede ou um balanço, mas que infelizmente não se desenvolveram. Ficaram esquecidas, chegaram secas e mirradas ao final de uma longa caminhada, o que gera muita frustração.

A questão é que não se colhe um fruto maduro da noite para o dia. Na hora da fome não dá tempo de produzir um fruto, se ele não estiver em processo de cultivo e maturação muito antes da necessidade. E este acaba sendo um descuido perigoso que leva muitos casamentos ao divórcio. Jardins insuportáveis, tomados por roseiras-bravas. Ego, orgulho, competição, indiferença e tantas outras sementes ruins que crescem deliberadamente sem serem propositadamente arrancadas. Este é o grande desafio do jardim: nossa responsabilidade e disposição para lidar com tudo que há nele. Trabalho diário de arrancar e cultivar, dor e alegria convivendo juntas por algo maior. Entrega, renúncia, visão. Cada família é única e a cultura de cada uma é conforme seus membros, tão diversa quanto pessoas podem ser e quanta beleza há nisto.

A árvore da confiança foi a que julguei mais importante no início do casamento. Mas até que ela começasse a dar frutos que suprisse minhas necessidades, tive que arrancar todos os dias os brotos da desconfiança que insistiam em matar a confiança. Descobri que elas não crescem juntas, pois não é possível ter os dois. São frutos antagônicos. Bastou que eu começasse a colher os primeiros frutos da confiança para o outro ir deixando de existir naturalmente. O preço da entrega, do descanso requerido para o cultivo da confiança pode ser alto, mas a paz de mente é grandiosa. Entendi que, assim como qualquer fruta física é formada de modo maravilhoso e inexplicável, algo que não fabricamos com nossas próprias mãos, apenas se planta, aguarda e ela nasce, assim são os frutos invisíveis advindo dos valores que cultivamos.

Numa das nossas primeiras viagens após casados, fomos visitar um casal de amigos noutra cidade, onde ficamos dois dias. Notei a existência de uma pequena árvore que eu não sabia nem o nome, mas dava um fruto valiosíssimo, e que bênção que eles estavam maduros na hora que precisávamos! A batizei de "árvore do bom entendimento". Como foi bom sentir sintonia num ambiente diferente. Tanta coisa fora do nosso controle aconteceu e, mesmo com toda agitação das circunstâncias, o bom entendimento prevaleceu. Fruto simples e pequeno, silencioso e no olhar, mas uma explosão de sabores: carinho, respeito, paciência... Gostei! Quero cultivar esta árvore para que este fruto esteja sempre disponível.

Notei que, normalmente, será em momentos de estresse que nossas árvores serão provadas se estão fortes e saudáveis o suficiente, dando frutos ou não. Minha dica é que você não despreze pequenos estresses, colha o máximo de informações que eles podem te dar sobre o que precisa ser cultivado ou arrancado, sobre o que vem de gerações passadas e às vezes não é algo tão consciente e precisamos cavar melhor as raízes para entender. Outra dica é que você não aguarde por problemas grandes demais para começar a observar seu jardim com toda intencionalidade que ele merece. O tempo está passando, tenha disposição! É trabalhoso, mas vale muito a pena.

Capítulo 16

FELIZES DESDE SEMPRE

*"Tenho dito estas palavras para que a minha alegria esteja em vocês,
e a alegria de vocês seja completa." – João 15:11*

Levei muito tempo para entender o que vou te contar em poucas páginas neste capítulo. O Evangelho simples de Jesus Cristo é capaz de mudar tudo. Tudo mesmo! Todo nosso olhar para a experiência humana ganha uma nova perspectiva quando entendido o nosso real propósito de vida. Seja casar, ter filhos, uma carreira, amigos, igreja, ou até mesmo os intempéries do dia a dia, alegrias e angústias, tudo é como se fosse instrumentos altamente sofisticados para nos permitir ver à Deus, sem sermos consumidos. Através da natureza, das relações humanas, do constante diálogo com nossa alma, na espera, na busca, em basicamente tudo, o Criador se revela a nós. A Bíblia nos encoraja a provar e ver que o Senhor é bom (Salmos 34:8), e é justamente através de nossos sonhos, lutas, espera, família, etc. que temos a oportunidade todos os dias de experimentar por nós mesmos que tudo que está escrito na Bíblia é verdadeiro.

Jesus convida a cada um de nós, individualmente, à uma aliança única e particular com Ele, em primeiríssimo lugar. E nisto está a alegria plena. Esta pequena virada de chave muda tudo! A felicidade se desvincula automaticamente de qualquer circunstância terrena, passageira, efêmera. É libertador. Acalma. Fortalece. A escolha por ser feliz não precisa mais aguardar pelo casamento, pelos filhos ou o que for. Encontramos força no descanso, consolo na quietude de saber que Deus é DEUS. E finalmente, a graça nos basta. Até porque, é esta mesma verdade que sustenta qualquer casamento, que mantém o ânimo de uma mãe que precisar cuidar de seus filhos, ou que encoraja um pai que corre para cima e para baixo para manter o sustento da família. Solteiras e casadas, crianças e adultos, tudo que vemos com nossos olhos e pegamos com nossas mãos é fugaz, dura pouco, provisório.

Jó precisou passar por uma sequência longa e dolorosa de perdas para finalmente ver à Deus (Jó 42:5) e então saber que nada do que ele tinha antes ou veio a ter depois supre os buracos e a carência do coração humano, mas sim o relacionamento com Altíssimo Deus. Você não precisa que nada seja diferente na sua vida hoje para Deus agir. É exatamente como vocês está e com o que você tem que Ele quer se revelar à você. Junte seus "dois peixinhos e cinco pães" e dê graças, tenha gratidão pela sua porção, por quem você é. Tenha fé de que o mesmo Deus que multiplicou tão pouco em surpreendente abundância é o mesmo que te chama para casar hoje.

Desculpa, mas a vida não é sobre nós! Quem à deu, tem planos para ela. Por favor, não pense você que quem te deu a vida foi seu pai e sua mãe. Eles tampouco fazem ideia do que é gerar um fôlego de vida.

Nosso compromisso é exclusivamente com Quem nos chamou à existência, e isto é motivo de alegria completa e felicidade plena.

Minha oração é que você encontre encorajamento neste livro para fazer cessar qualquer possível sofrimento que talvez você acredite que seja para sempre. Não precisa ser, a menos que você queira. Pois o sacrifício de Jesus na cruz é poderoso para te libertar de toda dor, já está tudo pago, você é livre! Livre para se apegar ao Altíssimo Deus e viver uma vida dedicada para Ele, sem se desesperar, visto que todo sonho que Ele colocou no seu coração, Ele mesmo se encarregar para que se cumpra. À você cabe o descanso, a confiança, a fé!

"Sem fé, é impossível agradar à Deus" – Hebreus 11:6

Há três anos, Carlos e eu, aguardamos por um filho, e como estou agradecida por poder buscar a Deus neste tempo de espera e expectativa. É exatamente nestes momentos que podemos exercitar e fortalecer os músculos da fé. Já estou sonhando com o testemunho que estamos gerando, aproveitando cada dia para provar o amor do Amado da minha alma, que me conforta, me alenta, me sustenta. Aliás, tenho descoberto pouco a pouco que ser esposa é verdadeira fortuna, privilégio incrível. Não volto pra a linha de frente da batalha de jeito nenhum. O meu Divino Marido é quem luta por mim. E uma coisa eu sei, um dia o dia chega. Tenha fé!